U0924931

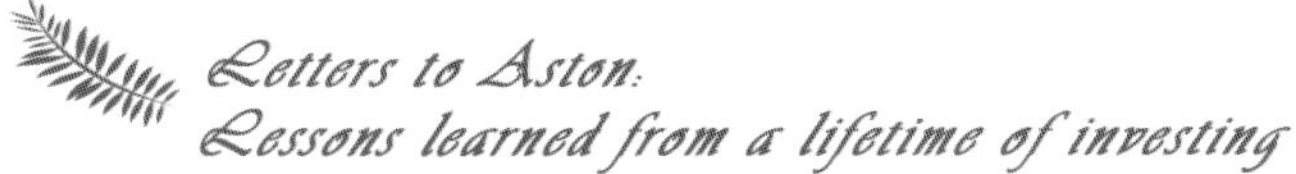

给阿斯顿的信

经济学家给年轻人的投资忠告

[新西兰] 马丁 · 霍斯 著
苏曼 译

厦门大学出版社 XIAMEN UNIVERSITY PRESS
国家一级出版社
全国百佳图书出版单位

作者的话

阿斯顿·詹姆士·桑德斯出生于2006年10月13日,父亲是麦克·桑德斯,母亲是果尔达·霍斯。阿斯顿是他们的第一个孩子,更是我的第一个外孙。阿斯顿出生那天,我仅看了他一眼,就被他迷得晕头转向,立即给我的律师打了电话更改遗嘱。自那之后,我又改了好几次遗嘱(他第一次笑的时候,他第一次叫外公的时候……)。这小子深谙生财之道啊,或许他根本就不需要什么理财建议。

现在,阿斯顿是一个幸福的小孩子。为什么不呢?他身边的每个人都宠爱他,对他的照顾无微不至,事事言听计从。太溺爱他了?或许吧——无论如何,但愿他的父母能够有足够的能力和财力长久地照顾他,就像现在这样。

这些信是写给长大后的阿斯顿的，里面包含了我想要对那时的他说的话。我认为阿斯顿会是一个聪明的人(因为他有优质的基因)，但是他可能对金钱和理财没那么感兴趣。不管他是否聪明，是否感兴趣，他将来总会需要进行一些投资，而在投资方面我可以帮助他。这些信包含了永恒的投资准则，里面没有像税率和最新投资产品那样时时变化的信息。信的内容是一些理财的真理，如果阿斯顿想要成功地管理他的钱，他就需要掌握并且坚持这些真理。如果能够领会这些投资的基本准则，自然而然他就会知道应该怎么操作。这些信道出了投资的基础部分，那是每一个成功的投资者都应该了解的内容。如果阿斯顿能够掌握这些，我相信至少他能够在投资这个人生当中重要的领域有所成就。

第一部分　投资的准则

第二部分　基市要点

第三部分　市场的规律和模式

第四部分　找到侧重点

第一部分

....投资的准则....

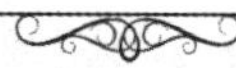

历 史 的 教 训

亲爱的阿斯顿：

也许这是一种古老的沟通方式，但是我想要用这种方式为你永久地记录下我所学到的投资准则。这些投资的法则是任何时期、任何时候都会有用的，我想把它们写下来，整理成一个能使你终身受益的资源库，等到你需要它们的时候，可以随时翻阅。我们这一辈人如果想要永久地记录一件事情，通常会以信件的格式把它写在纸上。我不知道到你们这一辈人时会采用什么样的方式，但是我希望记录下的这些投资准则（尽管是以信件的方式）可以方便你时时查阅，少受挫折。

在将来很长一段时间内，我希望我可以陪在你身边帮助你投资，在你成长的过程中，我非常想陪伴你左右。当然,在接下来好多年内我并不指望你会对投资感兴趣,毕竟你才 2 岁,不过我确实希望当你成人时,我可以为你的投资活动提供帮助。虽然我很期待能够在你成人后和你一起阅读这些信件,但是我却不能作出保证,因为意外随时可能会发生,我可能会跌下山崖,可能会发生车祸……

所以,以防我不能在你身边帮助你,我认为最好把我所知道的部分投资知识写下来。我想要这样做的另外一个原因是投资是一辈子的事情。我不希望你只阅读这些信件一次——比如说在 25 岁的时候阅读一次。相反,我希望在你成人后的很长一段时间内,如果碰到各种不同的投资机会和难题时可以不时地翻阅,这样一来,这些信件也会成为我掌握的部分知识的永久记录。

我愿意相信你可以得益于我所学到的部分知识,不再犯同样的错误。每一代人都可能会忽视前辈们留下的智慧——我们都认为自己处于一个崭新的世界,所面临的机遇和挑战也是前所未有的,都认为我们的父母和祖父母太老了,觉得他们根本就"搞不清楚状况"。我们会认为这是一个全新的时代,和他们那个年代全然不同。当然,这都是胡说八道,因为我们都可以,而且也应该从历史中学到很多,而这也包括自己家族成员的亲身经历和人生故事。然而，很少人会研究历史（因此历史也注定会重演），会听取老人建议的就更少了。多可惜啊，因为经济和投资历史一次又一次地重复——同样的繁荣和萧条交替循环，疯狂的喜悦过后总是伴随着绝望和沮丧。我们可以从经历过的事情中学到很多东西，但问题是似乎没有人这么做。也许，我是说或许有这个可能，你将会是一个例外。

总之，即使你可能会忽视我的建议，我还是要继续记录我所学到的投资知识，我想要你运用这些知识，希望你能站在我的肩膀上，看得更广更远。你可能会认为我的肩膀不能给你提供一个很有利的位置，不过即使你只是从中学了些皮毛，我也觉得值了。

将来，不管是你 20 多岁时要存钱买车，或是 50 多岁时储存退休金，又或是 70 多岁时要靠你的资产为生，我都希望你能够运用到这些投资的法则。好的投资准则不管在哪个年代都是适用的，不论你处于人生中的哪个阶段，我都希望你能够从这些信件中获得乐趣和知识。

爱你的

马丁外公

另：我希望你成为一个成功的投资者，尽你所能创造财富。如果有人告诉你金钱并不重要之类的话，不要相信他，因为金钱很重要！富人们的财富可以让他们的生活更加丰富多彩，他们的选择范围也会更广，还可以让他们更好地照顾至爱的人。财富和金钱可以让你在这个星球上的时间更有意义，可以让你为自己和别人做更多的事情。金钱或许不是万能的，但是就如碧翠丝·考夫曼(Beatrice Kaufman)说过的："我富有过，也潦倒过。相信我，有钱的日子更好过。"

为什么要投资

亲爱的阿斯顿：

人生的本质就是各种形式的投资，就如同我们谈论的教育投资、健康投资、商业投资、对孩子和事业的投资，以及金钱投资。在我 25 年从事投资和咨询工作的生涯中，投资是我培养出来的核心能力，也是这些信的所有内容。投资，包括以上谈到的所有形式的投资，是非常有趣的，因为它的着重点总是将来。我们不会为过去投资，也不会为现在投资，那是非常可笑的观点。我们总是为将来投资，为更好的将来投资。

所有人都想要创造一个更美好的世界，为自己，也为家人和社会。为了创造更美好的世界和更好的生活，我们需要进行某种形式的投资。投资的含义是今天牺牲一

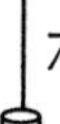

些东西，为的是将来能够收获更多。因此，今天我们花时间学习，将来才能有丰富的知识，个人的发展和事业也会更有前景；我们改变当前的饮食习惯，忍受锻炼的痛苦，将来才能有健康的身体；今天我们忍住花钱的欲望，把钱用来投资，将来才能拥有更多的金钱。

投资的真谛是今天的行为可以为明天创造更美好的生活。作为投资者，我们经常要作出一个判断，那就是明天的回报是否对得起我们今天作出的投资。这个判断适用于任何投资，包括健康和教育投资，而对于金融投资这尤其重要。

阿斯顿，我希望你做一个投资者而不是投机者，人们经常把这两者混淆。投资者会进行分析，那份分析报告需要确保他们资本的安全，并且保证会有不错的回报。这就衍生出了两个重要的因素：第一个是谨慎的调查和对所购买资产的了解——没有经过仔细的审查或分析就进行投资是不可取的。第二个是各种形式的回报，（公司股票的）利润、（房地产的）租金或（债券和银行储蓄的）利息，投资者想要的是投资资本给他们带来的收益。就像本杰明·格雷厄姆说过的：“投资者应该像买菜一样进行投资。”他们应该能看到质量如何，然后询问价格。而投机者不会考虑收入或价格，他们只关心市场可能的走势以及他们是否能快速地大赚一笔。阿斯顿，不要做投机者，因为它会让你损失惨重，穷困潦倒。

这些信件的内容主要包括长期投资——一种市场内最赚钱的途径。市场中的各种声音可能会对商人和投机者有影响，但对于投资者来说，那仅仅是噪音而已。阿斯顿，你应该忽略它们。实际上，市场中的大多数人都不是投资者，可能连他们也不知道自己是投机者。他们不会进行分析，不会考虑投资回报，只要听到一点点声音或者是可能的市场走势，他们的投资决定都会受影响。这样做的后果就是在市场价高的时候买进，低的时候卖出，这与最基本的低买高卖准则是相悖的。

对于投资者来说，最关键的衡量标准是一条叫作“投资回报率”的准则。它的计算非常简单，算出一年的投资收入，再除以投资资本得出的百分比就是“投资回报率”。例如，一栋大楼花 24 万纽币买进，年租金收入是 1.2 万纽币，那么投资回报率就是 5%（阿斯顿，在我看来这个回报率非常低）。在每次投资时，投资者必须要考虑的问题是：相对于卖方报价，这项投资的收入是否值得，也就是说暂时不考虑资本本身的价值，在资本价值发生任何

变化前我是否能够从该项投资中获得适当的收益。如果你每次投资前都能够正确地回答这个问题，不管答案是肯定还是否定的，你都将会是一个成功的投资者。

投资是非常有意思的，充满了很多研究和乐趣。你需要关注世界的形势，运用你的资本，紧跟世界发展的大趋势。你需要一直努力寻找少投入高回报的资金资产。在你的一生中，你将会经历重大的经济转变、科技更新、社会形势的发展、全球经济循环、经济复苏和经济萧条。关注这些事情的发生，作出对你有利的投资。实际上，投资就是先作出预测，然后根据你的预测结果进行投资。这个游戏非常有趣，我相信你会喜欢。

现在是暑假，这周你父母把你送来和我们一起过。当我看着你，一个蹒跚学步的小孩，就会想，你将来的人生会是怎样的。这个世纪，也是你的世纪，将会充满重大的政治和经济事件，可以肯定的一点是，将来发生的事情中有好事也会有坏事。很难想象你将来的世界会是怎样的，比如说 2062 年的时候（那年你将会和我现在一样大）。总之，我想要竭尽全力地帮助你准备好应付人生的起起落落，帮你调整好状态以面对人生中的任何事情。我希望你投资生活的各个方面，让你的生活更加美好，这些信或许可以帮你为你的2062年做好准备。不管其他人是什么说法或想法，我非常肯定投资的规则还将会是一样的。如果你是在2036年30岁的时候才看信，要牢记：你现在正面临的状况或困难，不管是投资方面还是经济方面，你的前辈们都已经经历过了。细节或许会有所不同，但是最根本的问题是一致的，你的前辈们也已经找到了解决问题的方法。

信里会谈论投资的准则。有很多人喜欢花时间寻找新鲜的玩意儿，他们追求最新的投资理念，想要走在时代的最前端，但是他们往往会忽略最基本的投资原则，忘记了投资的含义和目标。他们更不应该忽视一个至高无上的原则，那就是：一切投资都是为了资本的收益和回报。他们追逐着他们心目中美丽的花蝴蝶（高科技公司或者一窍不通的投资产品），但是最终的结果都是负债累累。

我这一代人是非常幸运的，没有重大的战争，或是我父母那一辈人经历过的大萧条。希望你那一代人也同样幸运，但如果不是，我会为不能陪在你身边，不能教会你更多的知识来应对困难而感到失职。

在将要来临的新世纪里，有时候投资的良机与极大的危难会同时并存。当世界动荡，我们好像要陷入黑暗

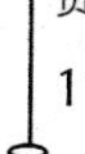

时代时，有可能会出现投资良机；而最危险的时候往往是当整个世界充满乐观和自信，人们发现钱很好挣，经济繁荣，他们花钱如流水，完全想象不到经济倒退或萧条会再次到来的时候。我知道这看起来可能有点离谱——万事欣欣向荣的时候最危险？黑暗时代要来临的时候反而会出现良机？外公是不是已经老糊涂了？阿斯顿，我知道这有悖常理，但最好的投资良机通常是社会不安定的时候。从投资者的观点来看，你应该欢呼艰难时期的到来，像很多行业一样，一个人在困难时期的作为才能更好地体现他的价值，成就他的辉煌。市场繁荣的时候，每个人都能挣钱，但是只有在泡沫破灭时我们才能看到谁才是真正的强者。

这些信包含的知识是我做顾问和投资的时候学到的。几乎每一个专注于投资的人都会有自己的投资风格或哲学，这些风格或哲学会影响他们作出的每一个决定，我将会告诉你我做投资和顾问时的风格。你也会摸索出你自己的投资指导准则，或许是其他行业的准则。这些信包含的投资准则是我从大师级别的人身上学到的，如本杰明·格雷厄姆、沃伦·巴菲特、布莱尔里爵士及其他很多大师，当然也有我个人的投资经验。所有应用过这些准则的人都会发现，从长期来看，它们是非常有用的，希望你能够熟练掌握和应用这些准则。

爱你的

马丁外公

首次房产投资

亲爱的阿斯顿：

1975年，我投资了第一套房产。那时我23岁，你的外婆和我已经结婚，也买了自己的房子，要购买第二套房产完全是因为想挣钱。

那次我犯了很多错误：我买的房产类型不对（只是一块光秃秃的地皮，不能带来收入），我们没有通过借款增加收益，出手也太早。但是撇开这三个重大错误（可能还有几个小错误）不说，18个月后，我们出手时投资回报率是66%。

那时候，房地产投资非常挣钱。作为投资资产中的一类，那时候的房地产没有像现在这么火爆，参与房地产投资的只是极少数人，几乎没有相关书籍可供参考，没有房地产专家举办“投资房产，发家致富”之类的研讨会，媒体也没有关于房地产投资的报道，总之，那跟今天闹哄哄的情形截然不同。那时的市场是完全开放的，因为是高通胀低利率，房地产投资就相当于印钞许可证。我刚开始接触这个市场，对于自己的所作所为根本没有什么清晰的战略或概念，虽然犯了一些错误，但也挣了不少钱。哎，真怀念那时候的日子啊！

过后我才意识到这项交易实际上错误一堆。之后几年的时间，我一直认为我做得成功极了，毕竟 18 个月就有 66％的投资回报率是相当不错的，对吧？几年过后，我又进行了一次类似的房产交易，那次挣得更多，虽然也犯了类似的错误，却有不错的回报。我第二次重蹈覆辙的原因是我还没意识到我第一次房产投资犯了什么错误。我并不是说这两项交易我做得不好，而是我本来可以做得更好。从事了一辈子的投资工作，现在回过头来看那些交易，我意识到如果当时我可以再忍耐一会儿，那么我不需要做什么，就能挣更多的钱了。学习投资之后我开始从事理财指导和顾问的工作，十余年过后我才发现那两项交易我可以做得更好。

我希望你可以吸取我的教训，不要再犯同样的错误。

现在让我们来看看23岁的我初涉房地产市场时都犯了哪三个重大错误。

没有收入的投资

我买的是地皮，没有任何建筑，这也意味着没有收入。事实上这并不是房地产投资，而是投机。1975年，我还不明白投资和投机之间的区别，也不知道了解这种区别的重要性，因此我不清楚我的行为是投资还是投机。阿斯顿，投机和投资之间最重要的区别是你购买的资产会不会产生收入。资产要变成投资，除了简单的价格变动之外，还必须给你带来收入。

如果你可以接受这个投资的定义（我没有见过比这更精辟的定义了），我就接着往下说。只有三种资产类型可以产生收入，可以被定义为投资：第一种是企业的一部分——各类股票或股份，代表了企业所有权的一部分，它通过企业盈利产生收入；第二种是产生收入的房地产，不管是住宅还是商用，租金是其主要收入；第三种是存款，银行短期存款、公司或政府的长期债券，这需要支付固定的利息，支付周期有时会长达几十年。

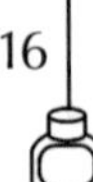

能够被准确地称为投资的仅有这些——股票、房地产和产生利息的存款，其他的不是投机（在这里，需要把黄金、珠宝、古董、艺术品以及地皮都归入投机，因为上述没有一样东西可以产生收入）就是投资的方式（共有基金、企业联合组织等）。后者总是建立在股票、房地产或存款（有时候是三者的结合）的基础上的，真正意义上的投资也是如此。有些人可能会把另外一组投机资产（黄金、商品、古董等）称作投资，但它们唯一能产生收益的途径是通过身价的提高。因此购买这些商品的时候，购买者实质上是在预测它们价值的增长，而投资是即使价值没有改变，购买者还是可以通过企业盈利、租金或利息来赚取收入。

投资的资产和投机的资产最大的区别不仅仅是学术兴趣上的问题，更重要的是它们产生的实际衍生物。首先，能带来收入的投资会使人有一种安全感，即使你买的房地产贬值了，你还是可以通过收租金获得投资回报；其次，有收入的投资可以增加收益，如果我在 1975 年购买一处可供租赁的房产，那我现在不但存了一大笔租金，还享有资本收益。

真正的投资不仅有收入，其收入还应该反映出此项

投资的价值——决定某一项投资价格的是收入的金额和它本身的价值(包括金钱或是其他形式、持续性长短、是否增值等因素)。对此,每一种不同的投资资产类型都有专用词汇——股票投资者用市盈率,地产投资者用报酬率和资本化率,债券投资者用票面利率和投资收益,但是他们关注和衡量的都是同一种东西:从某个投资资本中我能获得多少收入。就像我之前说过的,投资回报才是关键。

阿斯顿,接下来我不会讨论所有这些投资的估价方法,因为你可以找到很多相关信息。我要说的最重要的一点是投资的收入越高,成本就越高。如果一家公司的盈利增加了,或者一栋大楼的租金上升了,那么那些投资的资本价值也会升高。

要弄清楚你是一个投资者,不是投机者。当然,你可能会时不时地做黄金或货币的投机买卖,但你的大部分钱都应该用于投资,享受投资带来的低风险和高回报,因为它可以给你带来收入。1975 年我是一个投机者,因为我买了那块光秃秃的地皮,但现在我成为一个真正的投资者了。相信我,阿斯顿,投资的风险更低,收益更高。

没有借款

在另一封信中我会详细地和你谈论借款投资，在这里我只想说，当初我应该借钱买两块地皮。如果我那么做了，收益就会翻倍，或者接近翻倍，毕竟借钱要付利息，这多多少少会减少我的收益。我很快将会写到如何借钱投资，以及它的好处和陷阱。

出　售

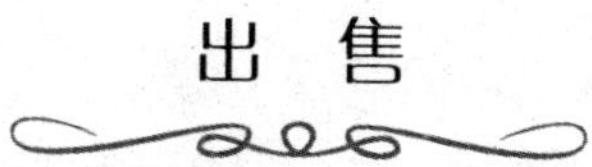

我真不应该卖了那块地皮。最近有人告诉我现在那个位置的价格是我出手价格的 40 多倍，那相当于每年 11.5%的投资回报率。(在我的投资手册里)投资的规则之一就是要放长线钓大鱼，我当初太傻了，没有那么做，我真不应该把它卖了换钱。那些钱是怎么花掉的？说实话我不记得了。可能花在升级车子，或者给房子铺地毯上了，总之大概就是类似的傻事。我的错误是把地皮换成了钱，而不是等财富以每年 11.5%的回报率积攒。考虑到这项投资没有财务杠杆率，也没有收入，这个回报算是相当高了。

早知当初……人们常常会说这句话。早知当初我就会购买可以带来收入的房产，借钱买至少两套房产，并且坚决不出手。我希望这些信能够帮助你开始你的投资事业，传授给你应该掌握的知识，这样你就可以从我的错误中学习，不要犯类似的错误。

爱你的

马丁外公

另：在你开始考虑我的错误让你损失了一大笔遗产，以及如果没有那个错误我们家将会多么富裕之前，我想给你算算那笔房地产交易。在 1975 年，我花了 1 500 纽币买了那块地皮，18 个月后出手时是 2 500 纽币。那块地皮今天大概值 10 万纽币。这个数字少得可怜，你可能还会认为我在后面少写了几个零，但是，数字并不是关键，重要的是百分比。不管那次我有没有犯错，或者即使我每件事都做对了，我也不会因为那块地皮变成大富翁。不过，对我而言，这却是一个非常有价值的教训，我希望你也能从中获益。

工作和被动收入

亲爱的阿斯顿：

对我来说，为了工作而工作从来都不是一个好主意，尽管我知道想要进步一定要努力工作，但是这个想法本身并不会给我带来一丝喜悦。实际上，整个人类历史和奋斗史的趋势都是在最大可能地减少工作量，增加空闲时间。我知道随之而来的是工作性质的改变：大部分人不再需要做苦工。现在很多工作都是脑力劳动，不需要很多体力，也不需要风吹日晒，这样的工作有时候会让我们感到生活是有意义的，这是好事。恶魔最容易找上懒汉，但我认为你不能因为不想恶魔缠身就做一些重复性、毫无意义的苦差事，偶尔去攀岩或钓鱼应该不能算懒散。

我想声明一点：我非常热爱我的“工作”（我用引号突

出这个词是因为我不想让你认为我写这些信很费力)。我非常享受写信的过程,因为这是我喜欢做的事,也因为我现在可以任意挑选我喜欢做的工作。这就是财政自由——你可以选择工作或是不工作。你应该努力达到这个目标,即使要你放弃应该放弃的东西也是值得的。假设我们只能在这个星球上存在一次,我认为我们应该竭尽全力争取最优质的生活,而财政自由可以让你的生活更加丰富,更加美好。

财政自由带来的这种好处也就是投资的目的——就如我之前说的,你需要现在先舍弃一些东西才能在将来收获更多。你的目标应该是让自己变得足够富裕,可以自由选择是否工作,如果工作的话,一定是做有意义和可以实现自我价值的工作。财政自由意味着有足够的投资资本为你带来充足的被动收入,让你可以过你想要过的生活。什么是被动收入呢?不需要工作就能得到的收入就叫被动收入。那你从哪里获得这种收入呢?当然是从投资的收益中获得。被动收入也就是资本带来的收益,不需要你抽时间工作就能获得的收益。有一些人通过版税赚取一部分收入,比如我,但那只是极少数的人(那一部分收入纯粹是靠脑力劳动获得,而不是靠投资、资本)。

因此，你需要达到一种不需要出卖时间和劳动力的境界：当你坐在海滩上，坐在名贵的车里赛车，跟孩子一起享用午餐或者嬉戏玩闹时，有人会为你买单，因为这种投资获得的被动收入会源源不断地充盈你的荷包。

获得足够投资资本的途径就是从收入中省下钱进行投资。（我告诉过你生钱的方法很简单！）要积攒足够的资本，你就需要工作，有时候还需要非常努力地工作。人的一生也有季节性，总有那么一个季节是需要你努力工作的。我希望你能达到比较高的教育程度，这样你做的工作才会有意思，挣得也会多。所以你要做的一项投资就是给自己投资，投资你的教育和职业培训。现在很多人都说要达到工作和生活的平衡，这简直就是胡说八道。很多时候我认为人们把工作和生活平衡的概念用作借口，让他们工作的时候好受一点。我同意你应该达到工作和生活的平衡，但这应该是一种纵向平衡，也就是说不是每天的平衡，你的目标应该是达到一生的平衡：有些时期你需要努力工作，有些时期你需要放松。一个人如果总是在办公室掐着点工作八个小时之后，下班就准时离开办公室回家，那么他的事业也不会取得很大成就。成功人士一天会花很多时间工作，因为他们对自己的工作非常专注,也知道努力终会有回报。我见过很多在各行各业取得巨大成就的人,但你知道吗,他们当中从来没有一个人和我说过他们如何取得"工作和生活的平衡"。

我希望你可以用长远的眼光来看待你的人生,年轻的时候花时间思考如何取得成功和获得财政自由。早年的时候,你需要集中精力积累足够的财富来获得你想要的生活。财富的创造需要三个要素。第一个是你取得的投资收益,这些信中有很多地方会详细讨论。第二个是你拥有的收入,或者更准确地说是你从收入中省下可以用于投资的那部分,因为剩余的那部分才是关键,总是有人挣的多花的也多(有些甚至花的比挣的多)。如果你想让你的明天更美好,就需要从收入中省下一部分。第三个是时间,要让魔法奏效,时间越长越好。

很多投资者太注重投资收益,往往忽略了他们实际投入的巨额成本。你算一下就会发现,虽然投资的收益会影响你的最终获得,但是实际的投资成本更为重要。你的存款数额远远比投资回报重要,投资只要能让你赚些外快,保证有一些多余的收入就足够了,没有必要为了更高的投资回报冒大风险。

已经挣到手但是马上要被花掉(或浪费掉)的钱是最

容易省下的，下一步就是通过跳槽、深造、更加努力工作、要求加薪或提高业务水平来增加收入。不管通过什么方式获得存款，不断增加用于投资的存款比一味追求高投资收益更容易致富。的确，你应该进行长期的投资，期限越长越好，应该寻找最好的投资回报，但在这之前，要尽你所能挣很多的钱（即使这意味着你需要加班），同时还要尽量少花钱。

所以阿斯顿，如果你想要获得财政自由，你需要先把工作和生活平衡的概念放一边，暂时埋头工作一段时间。不要回避挑战，因为你可以从中收获很多，包括财政收益。就把你的人生看做是季节性的吧：会有耕耘的季节，也会有收获和放松的季节。

第一项投资应该是为自己投资——学习能够帮你找到喜欢和高收入工作的技能。不要把收入花光，保证你的储蓄呈上升趋势。接下来的工作（也是我想帮助你的方面）就是如何聪明地运用你的储蓄进行投资。归结起来，财政自由其实很简单——只要牢记要先努力付出，尤其是刚开始的时候，然后耐心等待。

爱你的

马丁外公

了解自己的准则

亲爱的阿斯顿：

中学的时候我经常玩板球，上高中时，我成为了顶尖球队中的一员。学校会鼓励刚上九年级的学生做一些事情，其中一件就是指导低年级的学生，这在很多方面都是有好处的：我的指导对低年级的学生有帮助（希望如此），而我自己也能从中学到很多。我发现要成为一个好的教练，需要全面地考虑整个比赛。教板球就像教授其他课程一样，需要对你所教的东西了如指掌。你需要的不仅仅是击球和投球的能力，还需要知道如何打出好的击球和投球及其背后的准则。教授知识的人需要非常了解那些准则，仅仅凭直觉是不够的，还需要全面了解板球的知识以及每个动作背后的含义。

我已经不再教孩子们板球了，现在的我指导和教授商业、投资与理财方面的知识，这样的工作我已经做了超过 20 年。每当我策划一本新书或发表会议讲话的时候，我都会回想最基本的投资准则，以及我自己的投资准则（即我做事的方法和原因）。我需要审视自己凭直觉做出的事情，浓缩出精华，以此来帮助我的听众和读者。我有一段很长的投资史，一直以来我都不假思索地遵循自己的准则，那些准则也影响着我的想法和行动。因此，要写这些信来指导你，就像在学校指导那些低年级学生板球一样，我需要明确地知道什么是重点，什么是对投资者有帮助的。想要为人师表，就要先成为一个学习者。

我最根本的观点是，收入是投资的价值所在。[①] 基于这点，我认为自己是一个成功的投资者，因为我每次进行投资前都会仔细调查那家企业的财政状况和该企业所在的经营场所是否稳定。虽然这是投资法则的第一条，但很多人都不遵守这个法则，在经济繁荣的时期，当市场价格被高估时，他们会想尽其他办法来证明这种高价是

---

① 作者认为投资是为了在未来一定时间段内获得比较持续稳定的收入，而投机是为了赚取差价。——译者注

合理的。我不是一个“趋势投资者”，不会购买目前趋势好的投资，借此从那个好的趋势中获利。我也不会进行技术分析，也就是使用图表和曲线图来预测投资的发展趋势。相反，我会把事情简单化，选择有前途的市场和好的企业，然后（以低价）购买它们的优质房产或股票。

我是一个投资者，不是一个投机者或商人，尽管我有自己的原则，但如果有很好的机会可以快速地大赚一笔，我偶尔也会违背自己的原则。除了极少几次诱惑战胜理智，让我作出轻率的决定之外，总体来说，我都是因为有收入才会投资，而且为了那份收入我不会轻易出售投资，之后很长一段时间内，我会看着收入和投资价值不断增加。如果收益没有快速上涨，我也不会担心，对于一项投资，我可以维持几年或者几十年。投机者或者商人经常变来变去，只要能买卖的东西，他们都想从中挣钱，比如黄金、期货交易合同、货币等。而投资者不同，他们只会做能给他们带来收入的投资，如股票、房地产和存款。

投资生财之道从来就不是唾手可得的。在20世纪80年代，我常常会说房地产是最不费力的致富方法，但那仅限于通胀水平高和实际利率低的时期，那时候作房地产投资非常容易挣钱。现在不同了，现在想成为一个成功的股票或债券投资者相对更容易一点。我虽然不想承认，但是成功的投资是没有捷径的，如果有人为你提供“稳赚的方法”或者严重超出正常范围的高额回报，你一定要小心。

决定回报率和波动率最重要的因素是资产分配，也就是投资中的股票、房产、债券和存款投资的相对比例，而研究也显示合理分配这些资产是投资的第一步。我认为先弄清楚你属于哪种投资者十分关键，你需要知道“为什么”要制作这个投资策略，因为这将决定资产如何分配。对于同一个投资类型范围，如果要单独评价某一个投资决定是否正确很简单，但是从整体来看，如果某一个投资类型中你投入的过多或者过少，都会影响总体的投资业绩。话说回来，我并不十分热衷于设定资产分配或坚持资产分配规则，因为有时候根据实际的情形，你可以轻易判断出应该增加还是减少某一种投资类型。比如说，有几次我几乎是完全退出股市，因为我认为股价被高估了，而有几次我为了买进更多的股票，甚至动了卖儿卖女的念头。

我从来都是一个比较积极的投资者，我不喜欢仅仅是简单地设定资产分配，情况有变时自动调整一下，然后

就什么都不做。不过，如果你不想成为积极的投资者的话也没有关系，你可以做一个消极的投资者，赚取一般水平的收益，实际上，这样的收益也不低。我建议你尽早决定是要做一个保守型的还是进攻型的投资者，然后从一而终。我是一个非常积极的进攻型投资者，我觉得这和我的性格有关：我喜欢保持忙碌，有些人说我是喜欢倒腾，因为一旦某项投资的价格出现下滑的趋势，我就会去关注它。

投资的期限也很重要，也就是说，如果你想从股票和房地产投资中获得最高的收益，你需要等上几年或几十年。有些咨询师的说法是，一旦选定了投资项目，就绝不要轻易卖出，因为试图预测市场，哪怕是动一丝这样的念头都会让你十分焦虑，这些咨询师的建议是忽视那些起起落落。的确，预测市场是非常困难的，但也不是不可能。小的浮动，比如一天甚至是一个月的浮动的确很难预测，不过，大的方向还是可以把握的。我完全可以说："这个时期(市场低迷，收益率高的时期)买股票会很赚。"或者说："现在应该退出房地产投资(因为市场已经繁荣了一阵子，现在的收益率低到了极点)。"没有人能够准确地预测出市场的高峰和低谷，因此你也不可能精确地把握市场。但你如果发现某一项投资收益很好，可以挑选购买或增加那一项投资类型，反之，如果你发现某一项投资行情不好时，应该卖出或减少那一项投资的分配资金。我的经验告诉我，这样有策略的资产分配是非常有价值的。

指引我投资的还有一些其他的东西：当我没有专业知识或足够的资金来直接购买某一支股票时，我会投资信托基金。比方说，我不会自己购买中国的股票，因为太难了，我也不会以自己的名义购买商业地产，因为优质的商业地产太昂贵。我只会投资我了解的项目，对于我不能彻底了解的商业模式，我就会依赖别人的建议。我很乐意接受别人的建议，比如，我会雇用一个收费相对较高但熟悉行情的股票经纪人，和他探讨我的投资计划。但我不会在流动性市场上多作投资，就因为某一项投资容易买入或卖出不代表它就应该提供非常低的收益率。的确，整体来说流动性市场收益是很不错的，但对于一个像我这样的长期投资者来说，它没有好到能让我接受那么低的收益率的程度。

前几天我重新阅读了一本非常重要的书——本杰明·格雷厄姆的《聪明的投资人》。这本书写于 1949 年，之后又被再版了好几次。格雷厄姆死于1976年，但我认为他如果在世的话会认同我的投资准则。事实上，我的观点和本杰明·格雷厄姆的观点大致相同。格雷厄姆影响了很多投资者，如沃伦·巴菲特和沃尔特·施洛斯(Walter Schloss)，而他们又影响了成百上千(可能成千上万)的人(包括你的外公)。实践证明这些投资准则是有效的，巴菲特和施洛斯等大师级人物的投资业绩是有目共睹的。我借鉴了他们的投资准则，但我会说明这些准则的出处，偶尔我还会去翻原著。我推荐你读一下《聪明的投资人》这本书，以及沃伦·巴菲特写的书，虽然大家的观点是类似的，但他们是最早提出这些观点的人。

爱你的

马丁外公

另：还有一个准则，以防我等一下忘了，就现在说吧：千万不要仅仅因为有减税优惠而投资。要先看一下投资的项目，只有经过比较认为值得投资后，才考虑这项投资是否可以减税。切记：宁可盈利后缴税，也比亏损后免税好。

低投入，高回报

亲爱的阿斯顿：

2007年7月的时候你的外婆琼去滑雪，当她从滑雪场回来的时候，她谈论说每个去滑雪的人都开着一辆新的丰田普拉多，全家人都买了全新的滑雪设备，连小孩都穿着1 000纽币的滑雪服(你外婆知道这个价格是因为她那时想买一件，所以特意去商店问过，但后来因为太贵了没有买)。他们从哪里挣的那么多钱来买这些东西？

我们知道答案。有一段时期因为房地产泡沫持续膨胀，人们疯狂地花钱，就像明天就是世界末日一样，利用信用卡和房屋贷款大量买入消费品。我们本来就已经很担心经济和市场的走势，我们的股票投资分配已经超过50%(原计划是40%)，因此我们正在慢慢抛售以重新达到投资分配平衡。但是琼在滑雪场上看到的疯狂消费和人们过度负债的情形让我们的担心变成了恐惧。第二天我们就开始抛售更多的股票,一两个月内我们几乎全部抛售完毕。在我们抛售完毕后,几乎是同时,股票市场开始下跌,有些下跌了 50%,有些下跌得更多。

现在是 2009 年的年中,股市已经恢复了理智,股票价值也已经回升,我们又重新开始买进股票,虽然战战兢兢,但还是购买了一些。我们买了一家已经关注了好几年并非常看好的公司的股票,我从未买过该公司的股票,因为它的股票向来很贵,也就是说虽然公司的盈利不错,但是股市不断把股票价格抬高,超过了应当的价值。两年前股市大跌之前,它的买价是 300 纽币,后来跌到了 120 纽币,我们在 130~140 纽币的时候买进几次。今天的卖价是 165 纽币,不过有些明智人士认为它的价值可以达到 260 纽币。这就是我喜欢的公司的类型:从事快速发展的产业,管理优秀,拥有强有力的资产负债表,能挣钱。对于一个价值投资者来说这样的公司是可遇不可求的:公司前景好、买价低。可能要等上几个月或几年的时间股市才能体现出它真正的价值,但我愿意等。我认为十年或十多年后,这家公司将会为我带来让我满意的回报。

这就是价值投资者的做法：他们寻找一家有前景同时买价合理的公司。如果他们能找到股价低但前景好的公司就更好了。我们如何判断一家公司是否有前景？我们又怎么知道什么价格才算合理？答案是需要作一个基本面分析。

基本面分析的意思是从质量和数字两方面来分析一家公司。质量分析是看公司的产业、商业模式及管理，而数字分析是看财务。我们可以分析很多，但最重要的是衡量公司的利润和成本比率。

阿斯顿，价值投资总是和股票相关，但其准则和房地产及债券的准则一样。不管是什么类型的投资，价值投资者都会问：相对于我投入的投资成本，我得到的收益合理吗？凡是投资者都会衡量这点，然后根据其他已经完成的分析来判断一项投资是好还是不好。

让很多新的投资者感到困惑的是，每一种不同的投资类型都有其行话（或专有词汇），它们各不相同。虽然它们衡量的都是同一个标准，但不同市场内的投资者都会用不同的词汇来形容。比如说股票投资者会用市盈率，即股票的价格除以税后年利润得出的比例。房地产投资者用收益率（有时候会用资本化率），即物业租金和

售价的比例。所以，如果一栋楼的年租金为 5 万纽币，售价是 50 万纽币，投资者的收益率就是 10%(有些人的说法是这栋楼以 10%的资本化率出售)。债券和银行存款同样也有收益率，债券的初期收益通常称为票面利率，之后该债券将会以合理的市场价格出售。还有其他衡量投资价值的指标，但最主要的总是适当的收入与价格的比例。

你这样想：一项投资会带来一系列的收入。如果你知道一项投资年收入是多少，那么你打算花多少钱来获取该项投资一系列的年收入呢？**当你在决定应该出多少钱来购买一项特定投资的一系列收入时，你需要考虑两个因素：第一个是这项收入有多持久或安全。**如果一套房产是出租给大公司或政府，那它的价格肯定比一套出租给车身修理工的房产高很多，因为出租给后者的话就意味着低收益率，前者的房产价格虽然高，但是租金收入也会稳定。同样的，当局或政府发布的债券会比一些敛财公司发布的债券要贵，但同理，你之所以忍受较低的收益率是因为你知道收入会相对稳定持久。

第二个决定你该花多少钱获得一项收益来源的重要因素是此收益是否会增加。这个因素只适用于股票和房地产，因为债券和银行存款的收益都是定期并固定的。

房地产收入需要经过很长一段时间才会增长，不过有些房产的增长幅度会较大。有些租约上会写明“消费者物价指数条款”，也就是说租金会随着通胀水平的提高而自动上涨。但是，真正促使租金上涨的因素往往是地理位置——处于黄金地段的楼盘会有更多潜在租客竞争，过不了几年租金就会被他们抬高。有很多因素会导致股票收益的增加，经常回顾过去十多年来发生的事情是一种好的做法，因为收益并不是持续稳定地增加，你需要寻找收益率增加的模式。显然，对一家有良好利润增长记录和前景的公司以及一家成熟但是利润不再增长的公司，你对前者的投资肯定多于后者。多花钱投资一家有潜力的公司意味着初期要接受较低的收益率。

阿斯顿，你将会经历投资低回报的时期，也会经历投资高回报的时期，这些都是市场被低估或被高估的时期。当投资收益很低时，股市是高价的（有时价格如此之高，以至于你清楚地知道经济泡沫正在增大）。这个时候你应该退出来，等待市场恢复到理性状态（虽然等待的时间可能会很长，但那个时候总是会来临的）。而当投资收益很高时，价格是低廉的，这个时候应该买进。2009 年我还在写作的时候就是采取这样的做法：我买进的还不是很多，因为现在的市场仍然很不稳定。但是我们已经能看到房地产和股票的收益不断上升，市场价值开始重新体现出来。不久，我们就要大幅买进了。

我是一个价值投资者，一个坚守准则的人，非常注重一项投资的潜在价值。而时机对我来说并没有那么重要，我当然希望能够把握住时机，但同时我知道这很困难，很少人能把时机掌握得很准。对我来说，时机只是一个充分条件，而价值才是必要条件。因此我宁可花钱购买潜在价值比实际价格高的投资，等待市场恢复苏醒过来。有时可能会等上几个月甚至几年，但只要买的是价值，那么不管等多久，对我来说都没多大关系。

阿斯顿，有些人知道所有东西的价格，但对它们的价值却一无所知。用投资术语来说，这些人都是投机者，虽然他们可能自诩为投资者。投机者不会考虑价值，他们只想知道价格是多少，将来有没有可能发生变动，会升还是降。他们只想从那个差价中捞一笔，才不会理会什么长期价值。投机者在市场中制造很多噪音，但一个个又表现得像小绵羊似的，当牧场里来了一只狗的时候，他们都变得畏首畏尾：只要狗稍微摆动一下尾巴，他们就会躲到最远的角落；狗稍微转一下头，他们又跑到另外一个角落。

这样反复躲来闪去是很不明智的，但他们毕竟是胆小的小绵羊啊，我们怎么能指望他们会有什么明智之举呢？

投机者会用尽一切办法来获得价格浮动可能的走势。最常见的是技术分析，而这种分析似乎有很多不同的形式。技术分析包括研究图表和曲线，寻找过去曾经记录过的趋势，这或许能预测将来的走势。我一直认为这个人们眼中的基本真理有些站不住脚。首先，这跟投资没有多大关系，因为所有这些分析师研究的都是同样的图表，参考的都是同样的指标，如果出现了一种趋势说某一项投资很不错，那么结果就会是每个人都抢着买。如果投资者对时机把握得当，这种做法可能会有一定的价值，但我绝对不会在这上面浪费精力。

我只买有价值的投资，而且是以合理的价格购买。如果要等也无妨，一个泡沫可能要好几年之后才会破灭，但这个守株待兔的等待过程是值得的，因为你最后肯定会找到低投入高回报的投资，比如好的房地产或收入稳定的公司股票低价出售，那才是一个价值投资者真正想要的投资。

爱你的

马丁外公

攒钱投资

亲爱的阿斯顿：

投资的第一条规则，应该说最佳理财的第一条规则是支出不要大于收入。如果你没有储蓄，那么你连投资都不能进行，更别提挣大钱了。如果你的支出大于收入，你注定会在原地踏步，也就是说你的明天和今天不会有什么不同，今天还是和昨天一样。你会说这个道理谁都懂啊，那么阿斯顿，你能告诉我为什么那么多人都做月光族，一次又一次地犯同样的错误吗？

任何一个投资者的首要任务都是拥有投资的资本，这也就是说你需要攒钱，从我的经验来看，攒钱比投资更为重要。我这么说的意思是你投资的资本比投资的方式和回报更重要。只有拥有了投资的资本，你才能把投资做好，获得稳定丰厚的收益。如果只有一丁点资本，你不可能获得很好的收益。资本大、回报率一般的投资比资本少、回报率高的投资要赚得多。那巨大的投资资本从何而来呢？存款。

任何一个理财计划都是基于有一定节余的家庭预算，这也很有可能是你存款的来源。当然我也听说过通过婚姻、不法手段或遗产获得投资资本的玩笑话，不过阿斯顿，这些仅仅是玩笑话，尤其是你这种情况，千万不能抱有幻想，因为你不会继承一大笔财产，你也不大可能会娶个富有的太太，老天保佑，你最好不要偷窃。所以你看，获得财富是没有捷径的。

年轻的时候，银行储蓄是要攒钱购买某样物品的唯一途径。投资的期限（你想要拿回钱的时间）是投资策略中最重要的方面之一，我后面会写到这方面的内容。简单说，当你为了购买衣服或一个音乐盒而攒钱时，你就会想要尽快拿到钱，那么最好的方法就是通过银行存款投资。

你越快养成攒钱的习惯越好，不仅如此，你越快从低利率的银行存款升级到长期的优质投资越好。很多年轻人会为了想要的某种消费品而储蓄，可能是一个 iPod、衣服，或者一辆车。这是没有错的，养成攒钱的习惯是一个良好的开端。不过这些消费品寿命非常短，它们也不能改善你的经济状况。年轻的时候你这样做我没有异议，但是你能越快转变我越高兴。你最好能考虑长期永久地改善你的经济状况，也就是说从短期的储蓄资产（银行存款）过渡到真正的投资活动（股票和房产）。

银行存款根本算不上投资，最多只能算投资入门，这也是我为什么想要你尽快跨过那个阶段。如果你仅仅通过银行存款投资，那么你不可能学到真正的投资，而只有真正的投资才能让你变得富有。当然，我并不是说银行存款没有存在的价值，它当然有用。在你遇到突发状况时，银行存款会给你带来很大的安慰，只有银行存款可以在短期内满足你的不时之需。实际上，如果你 5 年之后可能会用钱，那么你就需要采用类似银行存款这种保险的方法。

我从事理财顾问那么多年，还从来没听说过有哪个人因为银行储蓄而变得富有的，毕竟银行存款的收益率太低了。不过，如果想要从股票和房产中获得更高的回报，你需要相对较长的时间段：至少 5 年，最好 10 年。是的阿斯顿，我当然想要你尽早养成攒钱的习惯，也就是通过银行存款的方法。但是你越早跳过攒钱购买消费品的那个阶段，越早设定长期的目标，你就能越早地开始进行成熟的投资，如股票和房产投资。

所以阿斯顿，刚才我谈到了几个观点，它们看起来或许很理所当然、简单易懂，但也是至关重要的（有时候简单易懂的道理并不代表你可以轻易做到）。首先，要保证你的收入有节余，并养成定期存钱的习惯。其次，设定一个长期目标，这会促使你进行长期投资，给你带来比银行储蓄更好的收益，但是银行储蓄始终是投资的第一步。切记：如果你的收入没有节余，那么你什么都做不了，而当你把钱存下来之后，你需要合理安排。

爱你的

马丁外公

另：如果你觉得攒钱对你来说比较困难，那么你可以采用“存款优先”的方法，也就是说当你领薪水或拿到其他收入时，要立即从中拿出一定数额的钱存入银行。这个方法是非常有效的，因为你总是优先考虑存款，而钱一旦存入银行，你也不会惦记着那些看不见的钱。你需要做的是决定一个合理的存款数额，然后把那个数额的钱藏入某个“不能碰”的账户里。你要保证拿出的比例不要太高,因为如果太高的话,你就会发现你连最合理的日常开销都不能满足,那么到时你就很有可能会破坏整个计划(连带也会埋怨你的傻外公给你出了个馊主意)。如果你定期存款的数额是合理的,“存款优先”这个方法会非常有效,因为钱一旦存进银行,你就不会老想着怎么花掉它,最后你将会获得一笔丰厚的存款,从而有足够的资本进行好的投资。

因人而异

亲爱的阿斯顿：

有时候在机场候机厅或其他公共场合会有人和我搭讪，问我目前有什么好的投资项目，我真希望他们每人能给我一纽币，那我就发财了。因为我曾经在电视上出现过几次，大家也知道我长什么样，所以他们经常跟我套近乎。我一点都不介意，我总是希望能够帮到他们，告诉他们在目前的经济大环境下什么样的资产类型被看好。但是这样做总是让我担惊受怕，而我通常不给他们很具体的建议，我总是很笼统地谈论经济大形势，以及某种事物看起来好或不好的原因。

我会担惊受怕是因为我根本不了解和我说话的对象，也不了解他们的情况，更不了解他们的经济状况。要相对准确地评估一个人，给出合适的投资建议，我认为需要和对方一起待上半个小时或更多的时间。然后，只有在那时，你才能够找出适合他们的投资方案。你需要知道他们来自哪个国家，他们目前的情况以及他们未来想要达到的目标。前两个问题相对简单，客户的背景资料和目前的情况只需要半个小时的交谈就能弄清楚。不过想要搞清楚他们的目标就费劲了，往往客户自己都不清楚他们的目标是什么，我需要花很长时间才能总结出来。

从一个投资顾问的观点来看，我认为这个过程可以分成两个步骤。首先，我会问客户他们理想的生活状态是什么样子的。我把这个称为梦想，即一种美好生活的图景，客户会在这个图景里描绘他们一直想要做的事情。如果客户已经拥有足够的资本，这种理想生活就可以成为现实，他们可以选择不工作(虽然很多人的理想生活中都会有工作的成分)。总之，钱将不再是个问题，客户将会获得财政自由。

一旦确立了美好生活的图景，我就可以算出那样的生活需要多少资金，这样就能得出客户需要积累的资本的数额。这就是说我们需要知道客户将会住在哪里，住什么样的房子(价值是多少)，是否需要购买度假别墅或其他奢侈品(比如游艇、名车、私人飞机),所需的定期收入是多少,是否会经常出国旅行,等等。把这些数额加在一起,我们就能对客户想要达到的财政状况有一个明确的概念,这会成为客户的主要财政目标,也就是他们获得财政自由的金额,同时也是他们需要努力的方向和投资的目标。

目标和梦想是不一样的。梦想是一个美好的图景,你能看到成功时的情形和感受成功的滋味,而目标是冷冰冰和明确的数字,一点都不含糊或模糊。目标应该是具体、可以衡量、能够达到、贴切、有时间限制和可以书面化的。梦想这样一幅诱人的图景,能够在精神上对你产生强大的促进作用。而目标的作用也非常强大,因为它容不得你敷衍或作假:目标是非常明确和具体的,你达到了就达到了,没达到就没达到,当然我们中的大多数人都会尽一切努力达到目标。

得出你需要的资本的数额和你给出的期限是投资过程的第一步。我认为在进行任何形式的投资之前,你应该先弄清楚这两点。你的目标将会决定你的投资策略,只有当你清楚了解你需要多少资金,什么时候需要之后,你才应该开始考虑一些其他的问题,比如需要多少投资收益、会面临多少风险和不稳定性、投资期限、流动性、是否需要借款等。

你可以把这个程序看做一次出行：只有当你知道了你的目的地之后才能决定要乘坐何种交通工具。如果你要去伦敦，坐飞机就是一个很好的选择（坐船也可以）；如果你只是去家附近的商店买牛奶，你可以步行过去或者骑自行车（飞机在这种时候可能就派不上什么用场了）。在出发前弄清楚你要去哪里是一个非常有效的方法，这不单适用于投资，也适用于任何其他的事情。

当你设定了目标，就可以开始制作投资策略了。我总是采用风险最低、可以在一定的时间内达到目标的投资方案，我始终坚守能不冒险就不冒险的原则。低风险的策略让一些客户在几年时间内达到了目标，因为他们的收入很高。像这样的情况，我们会重新审视他们的目标，询问他们是否想要取得进一步的成功，但是我本人有一点不情愿这样做，因为我没有必要那么辛苦，还冒那么大的风险去积累可有可无的财富。相反，一般的做法是保证他们会保持高收入，同时让他们继续把一定比例的钱存入银行和用于投资。

但是这样高收入的人是少数。对于大部分的客户，

我需要保证他们有多余的钱进行投资，然后设定投资策略，增加收益，以达到他们的目标。如果目标与现实有一定的差距，我将会偏重股票和房产投资，运用会增加收益的非流动性投资，甚至负债（借款）的方法。所有这些方法都会增加收益，但同时也会增加风险，因此在建议他们承担较高的风险之前，我必须十分确定客户需要获得这些高额的收益来达到他们的目标。

我们要不断维持这种需求和风险之间的平衡。每个人都有各种各样的目标，从几年后买部车到二十年后提前退休。每个客户开始投资前，我都要做一件事：了解客户的目标和责任，寻找适合他们的投资方案。那些在机场等候厅跟我搭讪想要获取信息的人看到的只是整个过程中很小的一部分，其他更为重要的方面是：个人在特定时间内的经济状况，以及他们将来想要达到的目标是什么，只有弄清楚这些问题的答案，才能得出真正的投资决定。

爱你的

马丁外公

不同的人生阶段

亲爱的阿斯顿：

我希望你知道莎士比亚的"人生七阶段"——《皆大欢喜》中一个很出名的段落。前几天晚上我和我姐姐（你的姑婆辛迪亚）谈到那首诗，她立即一字不差地背诵了出来。对于一个年纪比我大并且可能好几年或几十年都没有温习过的人来说，这很不容易。那一段非常经典，即使是以莎士比亚的标准来看也是如此，诗中的许多话现在也已经成为日常用语。莎士比亚从本质上把人生分为七个阶段，从婴孩时期到龙钟老叟。我猜他将人生分为七个阶段是随意为之，也可以是六个或八个。

从一个投资者的观点来看，我把人生阶段分为三个，同样也是随意为之，但是很有用。在人生的每一个投资

阶段，我们的资产都应该特别规划，各不相同，不仅需要特别规划总体的资产，同样也要对特定的投资领域进行安排。或许最重要的是资产分配应该随着年龄段的变化而改变。阿斯顿，我希望你还能记得资产分配，就是你的有利投资组合中不同资产类型(股票、房地产和存款)的比例。你需要恰当地分配你的资产，因为它与你获得的收益和所面临的不稳定性有密切关系。

纵观我们的一生，在不同的年龄段和人生阶段内，我们容忍波动性的能力会时高时低，需要的投资收益时多时少。个人的情况发生了变化，投资行为也应该随之改变。我是非常随意地把人生划分为三个阶段的，而年龄并不是决定个人资产如何分配的唯一标准，还包括其他的标准像风险容忍度和收益需求度。虽然我不希望你仅仅因为达到了某一个年龄就重新规划你的投资分配，但是年龄的确是最重要的决定因素，不管是谁，以这种方式来考虑资产分配都是非常有效的。

我把人生分为以下三个阶段：

青年期(20～30 岁)：攒钱

中年期(30～60 岁)：创造财富

老年期(60 岁以后)：为了收益而投资

如果把人生分为这三个阶段，你就会发现有很多人并不是严格地按照这三个步骤生活的：一个20多岁的人可能已经开始创造财富，而我知道有很多人即使步入中年还没有开始攒钱，不过除此之外，我们大多数人都是按照这样的顺序和步骤生活。每一个阶段的人群会有不同的适用于他们的投资组合，我想详细为你介绍一些典型的投资组合，以及推荐理由。这些组合仅供你参考，不要盲目跟从(阿斯顿，你千万不要成为一个没有主见、盲目听信他人的人)。

青年(20～30岁)

你到达人生中的这个阶段时，将是你第一次读这些信的时候。我认为你一开始可能不能完全领会信的内容，因为信的内容主要包括“合理”投资，而不是“合理”攒钱。除非你意外地获得一笔钱，否则在你20多岁的时候，你可能会忙着为了购买某种东西而攒钱，而不是寻找合适的股票或债券。我愿意相信你到达人生这个阶段时是为了买房而攒钱，如果不是的话，那就是消费品，比如车子、衣服、登山设备、给女朋友的礼物等。

不管你攒钱的目的是什么，你的投资组合都应该是：100％的银行存款。

我之前已经和你谈到银行存款，稍后我还会多写一些这方面的内容。**在这里我要说的是，银行存款是短期储蓄的唯一资产，它必须是稳定安全的，这样当你想用钱时可以随时取出来。**你还可以购买短期债券，只要到期之前你不需要用钱，这也不失为一种办法。但是大多数时候你都会在当地银行（当地的银行安全性很高）通过定期存款或其他类似的存款方法攒钱。

中年（30～60岁）

我希望你30岁的时候账户里会有一些存款（如果没有，看在老天爷的分上，继续攒钱吧）。这个时候应该运用你的存款做一些有意义的事。你可能会做的第一件事是买一套属于自己的房子。我认为有时候人们太把买房当回事，他们认为只有拥有一套属于自己的房子才能让他们开心，所以把大部分的钱都花在房子上。但尽管如此，总的来说我还是认为你的第一项大支出应该是购买一套给自己住的房子。我的理由是，拥有一个安身之所是我们终生为之奋斗的目标，这个目标应该和一种资产挂钩，即房子。买房可以防止房价猛增，不论是租户还是屋主都认为房价猛增是一种非常不合理的财政征收。因此，成年后早点买房可以杜绝这种风险。

说到这，我认为第一套房子不应该是一种投资计划，你应该把它看作一个居住的地方而不是一项投资。同时，你应该把还贷放在第一位，如果你居住在一个贷款不可以减税的国家（现在很多国家的贷款都不能减税），还贷更应该是重中之重。**你将会发现没有一项投资的回报率高于或等于贷款的利息，即使真的让你找到了那样的投资，风险也将会是很高的。因此，不管是收入还是一次性款项，先用你手头的闲钱减轻你的债务吧，然后再开始投资。**

等你的贷款还清了，你就可以开始投资了。我推荐的资产分配是这样的：

国内股票投资占 20%

国内房地产投资占 10%

国内现金存款占 5%

国内债券投资占 5%

海外股票投资占 30%

新兴市场股票投资占 20％

海外债券投资占 5％

海外房地产投资占 5％

我希望全部加起来等于 100％——应该是 100％

对于这种资产分配你将会发现一些特征。第一点是，投资组合中很大一部分比例的投资都是成长型股票，这就意味着存在很大的波动性，但是很多人到了中年（比如 40 多或 50 多岁贷款还清的时候）都可以承受一定的波动性。到那时，你还有很多年可以活，你可能至少要再投资 10 年或者 20 年。即使股市大幅下跌，你也有大量的时间等市场恢复，拿到你期望的收益。再说了，在这个阶段你的收入是比较高的，应该进行定期投资，有一些投资要在市场乐观的时期进行，而有些投资要在市场低迷的时候进行，这就是有效地运用基金定投法，我稍后会讲到这个方法。这里要说的是，在这个时候一点一滴地向市场投入资金可以很大程度上减少时间风险。在人生的这个阶段，你可以负担得起很多风险，所以我相应地想出了这种投资组合。

第二点是我把 60％的投资资金放在了海外。这个比例将取决于你最终决定在哪里定居：如果是在美国，那可能只需要把30%的资金投资在海外，如果是斐济，那么差不多全部的资金都应该用于海外投资。小的国家不如大的国家那样会提供好的投资机会，而且小国家也更容易受主要的经济冲击的影响。我们中的大多数人应该把投资资金分散到世界各地，作多样性投资，把握住好的时机。

你将会发现的第三点是我把20%的资金投入新兴市场。那些试图摆脱贫困的国家的股票或许会有很大的波动，但是从长远来看，收益非常可观。在我年轻的时候，多数新兴市场投资主要是在亚洲，其次是南美洲。阿斯顿，等到了你那个时候，我不知道哪里的市场会开始崛起，或许是非洲。

你可能会选择通过做生意的手段增加财富（就像你的父母、祖父母和外祖父母那样，你可是来自正统的创业世家）。但如果你是给别人打工，你的收入节余应该投入类似之前提到的那种积极性投资组合中。你也可以选择举债投资，即借款，尤其是当你要买投资性房产时。不管你是创业还是就业，趁你还有大量的时间，寻找波动性高但回报也高的投资吧。

晚年(60 岁以后)

这个时期你应该开始享受你创造的财富,等你到了这个阶段,我觉得我可能已经不在人世,不能帮你投资了。我的很多客户都是处于这个阶段的人,所以对于晚年如何投资我有非常丰富的经验。2004 年我写了一本名为《20 个美好夏日游》的书,是为退休或半退休,不再从事忙碌的全职工作的人写的。这个阶段的投资观念和态度是与前两个阶段完全不同的,所有的债务都应该还清,投资组合的收益也应该能够支付你日常开销,而且在你中年时期忍受(或享受)过的波动性会大大减少。

阿斯顿,我不是特别喜欢"退休"这个词,我和我那个直到 80 多岁还继续行医的父亲一样,从来没有想过退休。我喜欢我的工作,找不到停止工作的理由。我这一代人重新定义了"退休"的含义,我们更早地减缓工作的节奏,延长工作的年龄,直到干不动为止。然而,会有一段时间你会依赖(至少部分依赖)你所积累的投资资金获得的收益,你可能还会继续领工资,但是可能需要额外的投资收益来补贴收入。这个阶段就是使用你的投资资本的时候，毕竟投资赚钱就是为了花掉。

你需要小心处理从创造财富阶段转化到享用投资资本阶段的过程，因为你是从积极性资产分配模式过渡到比较保守的模式。我见过太多人因为太迟转化到保守模式而让晚年生活非常凄惨。如果你把转化过程留到最后关头，那么很有可能在这个最后关头会遭遇股市低迷，使你积累的财富大大缩水。我通常的建议是逐渐地（可能是几年之内）退出积极性投资组合，尽早采用保守投资组合。

类似，我也见过有人在卖掉生意或农场得到一大笔钱之后，让自己的处境变得十分困难，损失了很多钱。他们或许听从了别人的建议，挑选了一个投资组合，然后在同一天把所有的钱都投资进去。这一天他们运气可能很好（如果市场会上涨的话），也可能很差（因为市场会下跌），这简直就是碰运气。他们的做法应该是：在三四年的时间内把资本逐渐投入市场，这样从长期来看可以平均成本。

对于开始安享晚年的人来说，应该选择的投资组合是：

国内股票投资占10%

国内房地产投资占10%

国内债券投资占20%

国内现金存款占10%

海外股票投资占15%

新兴市场投资占5%

海外房地产投资占5%

海外债券占20%

海外现金存款占5%

同样，你可以看到我把很多的资本投入海外市场，理由和先前的一样，我还要附加的一个理由是，很多人一开始安享晚年就喜欢出国游。那时国内经济可能会受影响，影响外汇汇率，使得出国旅行非常昂贵，但是如果拥有海外投资，就可以不受这个问题的影响。

以上的投资组合中成长型资产比例较高，45%的资本都在股票和房地产投资上。这是因为通货膨胀是退休人群最大的敌人。以前，人们退休之后，会从老板那里拿退休礼物（通常是一块金表），然后买一张摇椅，兑现养老金，多余的钱用来购买债券或存入银行。这种投资策略在以前可能是可行的，那时候人均寿命比较短，退休后的日子也不会太久，这些投资收益是安全稳定的，但是却不能为通货膨胀的风险投保（我曾有过因为通胀使得一支债券贬值的经历，稍后我会写到）。现在人们退休后的日子太长了（可能是30年或者更长），退休后的资本和收入的实质总值（通胀调整后的总值）可能会大大贬值。因此购买一部分比例的成长型投资（股票和房地产投资）是非常必要的。

这些成长型投资可以为你提供很好的收入，比如，商业房地产信托往往收益不错，而且从长期来看，资本价值和收入会随着通胀水平的增加而增加。也可以选择波动性较低、股息高的股票，如公用事业股。不过退休的人不应该拒绝没有高股息但是不错的股票，他们可以定期出售部分房产或股票获得资本盈利。成长型投资都会增加波动性，但是购买一些这样的投资是绝对有必要的，你不能再指望仅依靠债券和银行存款的收入过活。

我建议退休的人在他们退休期间不断更改资产分配方案。随着时间的流逝，年纪越来越大时，人们也就越来越不需要担心发生通货膨胀，他们可以凑合依靠更少的成长型投资，也就是承受更低的波动性。他们将会逐渐出售成长型投资，自行挑选合适的时间卖出，或许到他们

80 多岁或 90 多岁时，手头仅剩下债券和银行存款。

你会发现的最后一点是，从一开始这个投资组合中就含有很多现金存款，实际上，我认为以上投资组合中的现金比例应该是最低数值。对于很多这个阶段的人，我会要求他们拥有更高比例的现金存款，因为如果市场突然变坏，投资回报降低，那么这些钱可以作为几年的生活开销。这样的话你就不需要在市场低迷的时候被迫卖出投资了。后面写到银行存款的时候我会多加解释。

以上就是我对于人生的不同投资阶段的见解。我今年 56 岁，还在中年过渡到老年的初期。根据莎士比亚的“人生七阶段”，我是接近“孩提时代的再现，全然的遗忘，没有牙齿，没有眼睛，没有口味，没有一切”的最后一个阶段。阿斯顿，你可能觉得很有趣，但目前你还处于人生的第一阶段，还在“啼哭呕吐”，我们所处的这两个阶段都不是很美好，好了，我就不继续往下说了。不过你还是要听从我的三个投资阶段的建议，至少要保证当你分配我们的资产时是按照这三个阶段进行的。

爱你的

马丁外公

另：如果你通读了整封信，可能会发现我写到“新兴市场投资占20%”或“房地产投资占10%”的话。这并不是说你需要搭上飞机去购买中国公司的股票或爱尔兰的房地产，而是说你需要考虑把那一部分的投资比例放入这些新兴市场。通常来说，你会通过信托基金投资新兴市场，我后面马上会说到这方面的内容。

价格风险

亲爱的阿斯顿：

我已经有40年的登山经验了。登山是一项非常危险的活动，有人说如果不是有某种严重的性格紊乱，一个人是不可能喜欢上登山的，因为这项活动非常危险并让人不适。

2003年，我一个非常要好的朋友在一次登山事故中丧生了，他叫保罗·斯凯夫。我们从上学的时候就开始一起登山，保罗后来成了一名专业的登山者和向导。他总是非常注重安全，从技术层面上来说，他登山的方式是正确的，他也总是把自己和客户的安全放在第一位。他丧生的那一天，并没有做错什么，他只是在错误的时间碰巧待在了错误的地方，他在一个低风险的区域遇到了山崩。常在河边走，哪有不湿鞋，保罗的丧生就是例子。他登山的时间太长了，最终危险还是找上了他。

如果保罗在这里的话，我肯定他会说登山给他带来的满足、乐趣和充实值得他冒这个险。投资时，风险也时刻存在，所以你要确定投资的回报值得你冒这个险。没有任何一项投资是毫无风险的，投资时，就像登山和其他活动一样，你只需要确保你冒的风险可以让你获得合理的补偿就足够了。

一项投资的期望收益越高，它的风险也就越高，阿斯顿，我肯定你明白这一点。如果是长期投资的话，精算师(就是那些聪明的人，也算是统计学家)可以计算出不同的投资类型的期望收益是多少，以及期望的收益偏差是多少(价格波动范围)。这样你就能清楚地知道你将会得到多少收益，同时也知道这个收益的波动幅度是多少。

一个投资者需要确保，如果多冒一分险，他就可以得到相应的回报。举个例子：对比低风险的投资类型(如美国长期国库券)的期望收益和股票的期望收益。长期来看，股票的收益比国库券的收益高大约5%(也就是说如果国库券每年有4%的收益，那么你希望股票的收益能达到每年9%)。国库券几乎是一种无风险的投资，而股票却有很高的波动性，因此，如果你投资了风险较高的股票，相应地，你希望能得到一份丰厚的额外回报。

有些时候，高风险并不意味着会有合理的回报。在股市的鼎盛时期，一些类型的投资买价往往被抬得很高，导致它的期望回报还比不上其他较为安全的投资方式。这样的情况曾经发生过几次，股票的期望总收益仅比国库券的收益高出1%～2%，这并不足以补偿所承担的风险，也可能是那些价格疯狂上涨的时期将要来临的一个标志（阿斯顿，这对于股票投资者来说是个凶兆）。

作为投资者，你需要判断投资回报达到多少时才值得你冒险。每次当你打算冒险进行一项投资时，你需要计算出这项投资的期望收益，然后把它与无风险投资收益作对比，你应该知道“无风险的回报率”是多少——就是主权（政府）债券的回报。接下来你要回答这个问题：我所承担的风险能得到合理的补偿吗？

我明白没有专业人员的协助，要你算出这些数字有点困难。阿斯顿，如果你将来不打算成为一名理财专家，你只需要牢记重要的一点，那就是你所冒的风险需要得到合理的回报。也就是说你需要关注市场的走势，对那些价格被哄抬的投资绕道而行，因为它们不会给你带来合理的回报收益。

当然，这三种不同的投资类型的波动性和回报率是不一样的，收益最少的是银行存款，但其波动性也最小。债券的价值的确时高时低，当利率浮动或债券发行机构倒闭时，期望收益也随之变动，不过债券的波动性没有股票和房地产的波动性大。现在说到资本面临的风险，当一个企业破产时，贷方比股东更有可能把钱要回来。不论贷款是以银行存款还是债券的形式，贷方总是先于股东拿回资本，这就使得银行存款或债券投资的风险性较低。

很多人说房地产相对比较稳定：如果观察长期的房产价值图表，可以看到走势是比较平稳的，隔几年会有一些波谷，但是几乎没有大的跌落。

股票的价格走势与房地产的价格走势相比更加显著，这也就是为什么人们认为房地产的波动性较小。

不过，我认为房地产和股票的波动性最明显的区别是市场不同的运作方式（和市场参与者的态度）。不同于股票投资者，房地产投资者并不指望短期内出售他们的房产，即使是想要出售房产的投资者，也是把房产放到市场上，等到合适的买家出现后才出手。如果没有人出的

价格符合他们心目中的价位，他们会继续等下去，甚至可能会取消出售。如果他们效仿股票投资者的投资行为，随便哪一天随便什么价位他们都能出手，那么价格就会大不一样，等于甚至高于股票的价格幅度。房地产投资的波动性比你想象中的要高很多，如果房地产投资者把房产当做股票那样去投资，那么价格就会变得非常混乱。

我认为，房产不易以理想的价格出手也是增加其风险性的因素之一。如果你要进行房产投资，你首先要确定短期内不需要用钱。聪明的投资者会合理安排好他们的事务，所以这对于他们来说不是大问题，还可以获得房产给他们带来的持续收入。但是对于那些没有投资期限概念的人，这就会是个灾难。

当然，股票的波动性非常大，和房地产不同，任何股票的价格在每一天的每一分每一秒都是显而易见的。“市场先生”（这是本杰明·格雷厄姆的叫法）可以让你随时买入或卖出，但他也是极端善变的：有时候他可以对你的错误睁一只眼闭一只眼，但是其他时候眼里又容不下一粒沙子。“市场先生”最终总会让市场恢复正常，不过他的情绪波动会让一些股票投资者难以承受。总之，谁能忍受“市场先生”的荷尔蒙波动，谁就能得到丰厚的回报。

你会根据你的波动性承受度来决定你支付的价格。债券和存款收益很低，因为波动性小；股票和房产收益较高但相对的波动性较大。不同的投资类型互相竞争，都想让投资者从口袋里掏出钱。根据投资者对前景的看法，在不同的时期，某一种投资类型会比另外一种受欢迎。然而，长期来看，每一种类型的投资都会有不同的表现，所以它们的收益必有一个合理的差距。阿斯顿，你要时刻关注那个差距，如果它们之间没有差距的话，你应该知道这是不正常的。

爱你的

马丁外公

另：阿斯顿，如果你不想让你的父母还有外公因为担心你而急疯的话，不要去登山。

未来主义者——自上而下

亲爱的阿斯顿：

我是一个未来主义者，喜欢思考、想象甚至试图预测未来。我怀疑我是被我妈妈(你的曾外祖母，也就是你的格拉太姥姥)潜移默化影响了，因为她常常谈论历史和未来——两者密切相关。我妈妈或许对我产生了自然而然的影响，但是我小时候读过的阿尔文·托夫勒(Alvin Toffler)撰写的《未来的冲击》一书更加坚定并加强了这种影响。当发生科技、经济、文化和社会的重大变革时，人们会感到迷茫，这本书讲的是人们在应对这种迷茫时遇到的困难，但是此书也描述了未来世界可能变成的模样，同时作出了很多预测(有一些已经变成现实，有一些尚未变成现实)。不知道是托夫勒让我更清楚地意识到这点，还是他激起了我心中原本就存在的念头，不管怎样，我发现自己对读史和想象未来很有兴趣。

当然，这种兴趣让我喜欢上了感应趋势，以及发现正在发生的变化，这样的活动对于投资者是非常有用的。找到发展趋势和想象未来是很有意思的事（至少对我来说是这样）。有时候，你是对是错并不重要，但是作为一个投资者，这可能是至关重要的。很明显，趋势对投资者是非常重要的，如果你能把主要的变化转变为对投资者有利的条件，你的收益就能最大化。这种变化可能是经济方面或者科技方面的，可能是某一个国家的崛起和另外一个国家的衰退。不管是什么方面的变化，对我来说，顺应事情发展的趋势总是有好处的，毕竟，支持并顺应主要趋势变化进行投资要比逆势挣扎容易得多。

投资的术语把我这种人称为“自上而下”的投资者（好吧，不是术语，更像是行话）。自上而下的投资者的投资方法是首先寻找经济最繁荣的国家，然后选择市场中的一个行业，最后选定这个行业中最成功的公司。像我这样的自上而下的投资者会纵观全局，寻找并选定行业和市场中一些成功的公司。与此做法完全相反的投资者被称作“自下而上”的投资者，他们基本上忽略市场状况和行业的挑选，想尽一切办法寻找成功的高价值的公司，他们才不管公司所从事的行业和所在的市场状况。“只要是高价值，我就买！”不管是自上而下的投资者还是自下而上的投资者，他们的目标都是找到最好的公司或房地产进行投资，但是他们寻找目标的角度截然相反。

作为一个自上而下的投资者，我的目标是顺应世界的形势和大趋势，找到我称作“大鱼”的投资，从中盈利。基本上，我的做法是找出这条大鱼，然后运用投资的观点从中获利。作为一个未来主义者，我真正喜欢的部分是：我会对将来作出预测，然后把我的钱压在某一方，赌我的预测是正确的。

在你出生后不久，我在作投资的时候就开始使用我所谓的“阿斯顿测试法”，也就是每次投资的时候，我会问自己一个问题：“等到阿斯顿长大成人，对投资有所了解之后，他会为他外公今天作的这项投资而自豪吗？”言外之意就是，以将来的观点来看，我的钱有没有压在最大的一条鱼身上？我这样做的目的是想让自己看得深远，不仅要在我自家的后花园里寻宝，还要辐射更广更远的地方，阿斯顿，人总有失足，如果我不幸错过了几条大鱼，希望你不要扼腕叹息。

过去十多年时间里，因为中国经济的复苏，我曾经钓上一条很大的鱼，大赚了一笔。我关注中国已经很久了（有三十多年的时间），也曾经去过几次（第一次是在1995年，当时是想去攀登珠穆朗玛峰，第二次去中国是最近，因为你外婆琼受邀在一个金融会议上发表讲话）。大约10年前，我就对中国很有信心，认为经济开放后中国一定会飞速发展，到时肯定会有很多投资良机。中国一度贫困，但是在过去二十多年里，中国又崛起了。在中国，这个民族的人民都有巨大的决心要发展经济。曾经（数百年前）中国是地球上最先进的国家，之后开始逐渐衰落，17世纪到20世纪期间，在欧洲逐渐变得强大时，中国相对是比较贫困的。但是现在，中国决心要恢复曾经的繁荣富强。或许正是这种不成功便成仁的决心，才让中国再度变得富强。因为中国人认为（并坚信）他们将会成为第一名，这种信念促使他们爬上了接近第一名的位置。

话说回来，知道在中国经济复苏的潮流中会有大鱼之后，我需要计划怎样进行投资。几十年来，中国经济的发展速度一直保持在10%左右，这当中肯定有能捞一笔的方法。当然我并不是说要买张机票飞去中国，为了购置房地产走遍北京的大街小巷，或者赶去上海的股票交易中心购买股票。我从来都不喜欢直接拥有海外股票，尤其是语言不通的国家的股票。

因此，我选了最省事的方法——我通过信托基金投资中国市场。我只需要支付一些费用，专家就会帮我挑选和买进投资。这些人在当地有了解法律和税务方面的规定的人，也有能够分析市场的人，所以由他们作投资好过让我一个人瞎折腾。结果证明，中国的信托基金有很多：既有被动型指数基金也有主动型信托基金；有些是亚洲各地区的基金，有些是中国的基金；有些是受到投资者委托要求他们把资金全部用于投资中国的股市和房地产，有些人在认为价格过高时有能力稳住不投钱，甚至通过卖空从下跌的股价中获利。

我们大部分人最终都会选择一个澳洲的基金管理公司——铂金投资管理公司(Platinum Asset Management Ltd)，投资他们的亚洲基金。该公司的亚洲基金业务有很好的业绩记录，投资范围涵盖了除日本之外的整个亚洲地区。中国继续快速发展，我们的投资这些年都表现不错。但在 2007 年，我们抛售了铂金公司管理的全部股票，同时也几乎全部出售了我们的投资，因为全世界都充斥着疯狂的消费主义和高额的负债。我们认为这个时候应该先退出,仔细观察后再做打算。不过后来事实证明,这次的收线是十分明智的。

我们还通过澳大利亚必和必拓集团这家煤矿公司对中国进行投资,大赚了一笔。中国正处于快速发展的阶段,对于铁、铜、锌和煤这类商品的需求非常大,而必和必拓集团为中国提供其所需要的商品。阿斯顿,你要知道,在 21 世纪中期,世界的运行模式是,澳洲为中国提供它所需的矿物质,用于生产电视机、家庭电器、机械等,然后中国把这些生产出来的商品销往像美国这样的国家,而这些国家又没有足够的钱来购买商品,于是中国就借钱给它们。这种模式是注定会失效的,事实证明的确如此。

我写这封信的时候,世界正处于经济衰退期,我们密切关注着世界的形势。目前,中国的表现并不是很好(至少没有之前那么好),但是长期来看,我认为这次全球经济衰退对于中国来说只是一个短暂的挫折,中国的发展还没有结束,我在想,20 年或 30 年(又或者是 40 年)之后,当你读这封信时,对于我的看法你将会作何想法。我的预测是那时候的中国将会接近发达国家的水平,因为我没有看到任何迹象表明中国有可能会再次后退到第三世界的地位。时间会证明你的外公有没有说错。

世界上还有很多其他的大鱼。婴儿潮时期出生的人逐渐要迈入老年期。我们这些在婴儿潮时期出生的人很多,当我们步入老年,健康医疗和廉租房的需求将会急剧增加。因此,老人院或医药公司的股票将会是一条大鱼(我猜测当你第一次读这些信的时候,助行架的生产会是一项绝佳的投资),另一条大鱼是清洁能源。现今,全球变暖已经成为一个重大问题(或许到你开始读这封信的时候它仍旧是一个大难题)。人们一直都在努力寻找清洁型能源,而最先找到这种技术的公司将会赚个盆满钵满,就相当于获得一部印钞机,当然,投资该公司的投资者一定会开心不已。不过如果没有一些科学知识,这条大鱼是很难钓到的,因为没有人知道哪种技术将会胜出。但我要再次强调的是:有一些从事信托基金的人会比我这种人更加了解这方面,因此通过信托基金投资不失为一种好方法。

商机和大趋势都是瞬息万变的,但是投资者总会有办法找到它们。这些方法也有行不通的时候,记得我曾经投资过医药品行业,虽然获利不多,但是即便如此,大多数时候抓住商机和把握趋势的方法还是很有效的。总

之，我真的非常赞同这种投资的态度。说实话，我身上有一种机会主义的特质，我并不是每次投资都跟随主流，不过，找出“主流”，然后观察它的走势也是投资者的一种乐趣所在。

不管你是否如我一般对未来充满好奇和憧憬，我还是鼓励你考虑以下这几件事：第一件事是要读史。历史的确会重演，或许不是一幕幕地重复，但是过去发生的事情几乎都会再次发生。一开始你可能会觉得这种说法很奇怪，但是如果你想要了解和预测未来，最好的方法是观察以前曾经发生过的事情。读史同时能给你一种不同的视角，这种视角的形成不仅是基于此时此刻的情形，同时是基于更加广阔的视野。

接下来的第二件事是眼光要放长远。我经常碰到一些眼界窄小的人，他们仅投资他们居住范围内的项目，很少考虑居住范围之外的投资。他们居住的地方或许是一个非常不起眼的小城镇，但是他们没必要只考虑投资当地的房地产或商业。如果你住在一个叫克里考伍德的地方（别紧张，阿斯顿，这个地名是我胡诌的，你的父母是不会逼着你住进克里考伍德的），仅仅投资当地的房地产和克里考伍德的房屋互助协会是远远不够的，外面的世界非常大，机会也很多。在 200 年前，如果你在活着的时候能够去离家 10 英里以外的地方，你就会是一个非常幸运的人，但今天，我们只需用食指点击一下鼠标就能知道天下事，这和几百年前的情况截然不同。克里考伍德或许是一个宜居的地方（阿斯顿，我说的是一种假设），但是你的投资计划大可不必仅限于当地的投资项目。希望你无论做什么事情都能把眼界放宽，尤其是在投资这件事上。

爱你的

马丁外公

第二部分

....基本要点....

复 利

亲爱的阿斯顿：

阿尔伯特·爱因斯坦是19世纪乃至迄今为止当之无愧的伟人之一。爱因斯坦最出名的理论当然是相对论，不过你知道吗，他也曾经对复利（俗称利滚利）作出过评论，称之为“世界第八大奇观”。从某些方面来说，对于爱因斯坦的评论我感到非常吃惊，因为虽然复利的作用是神奇的，但是它并没有特别令人惊叹或不可思议。我可不是在向爱因斯坦挑战（我不至于糊涂到要向爱因斯坦这种级别的人挑战），但事实是，复利只是多倍的加法，不，应该说是非常多倍的加法而已。

复利可以是你的好朋友，也可以是你的仇敌，这取决于你所处的位置。对于借款人，复利是敌人，因为债务会

无止境地增加，最终将达到无法偿还的地步；而对于投资者来说它是我们最好的同盟，时间可以使投资收益创造难以想象的财富，如果没有经过计算，你会认为那个数字是不合理或不可能达到的。这也是爱因斯坦把它称作奇观的原因。

复利仅是一个花哨的名词，用来形容投资收益被累加到投资资本当中，而那些累积的投资资本又会产生新的收益。这个道理并不是很难理解，但是有些人却认为它非常复杂。实际上，它一点都不复杂，你只需要计算投资的收益（得出一个百分比），然后把收益汇入投资资本，从而增加投资资本的数额。最主要的是要保证你明白资本和收入的区别，我常说，如果一个人连这两个概念的区别和关系都弄不清楚的话，你就不能说他了解金融理财。

资本可以产生收入。你可以把资本看作一棵树，而收入就像是树上的果子。有人告诉我在会计学校，当老师们讲到收入和资本的区别时通常会用到这个例子，不过我想到一个更好的例子，就是把它们比作鸡和鸡蛋。

假如一个鸡农有一百多只鸡，同时他想扩大鸡群的规模。这些鸡（也就是鸡农的资本）会生蛋，那么每天鸡农去养鸡场的时候都会面临两个选择：他可以把鸡蛋拿走，或者把它们留下等它们孵化。如果鸡农拿走所有的鸡蛋，他的鸡数量不会增加，相反，每年还会有一些鸡死亡（世间的生物都会有年老死去的一天），而这些损耗会减少鸡的数量。投资者也会面临同样的状况——如果投资者拿走所有的投资收益，通货膨胀会逐渐蚕食资本的价值，降低资本原先的购买力。有一部分人，他们的做法更加过分，他们不但拿走所有的鸡蛋，还宰食年老的鸡（使得死去的鸡的数量更进一步增加）。对应的杀鸡取卵的行为是：投资者不但取出并花掉投资的利息，同时每隔几年他就会用部分的投资资本来买部新车或修缮房屋。这种资本的损耗加上通货膨胀的影响（或许还要加上千奇百怪的无用投资）将大大地减少投资者的财富。

而如果鸡农把蛋留下孵化，他将会有更多的鸡。过不了多久，刚孵出的鸡就能达到下蛋的年龄了，而下的蛋又能孵出更多的小鸡，这些鸡又将会达到下蛋的年龄，和其他的鸡一起生蛋，如此发展，很快整个养鸡场的鸡将会大批地繁殖。这就是“鸡生鸡”，和“利滚利”是相同的道理。假如你不取出并花光你的投资收益，反而把所得的收益用于再投资，你的财富将会以惊人的速度急剧上升。

当然还有其他的选择，比如说，鸡农可能决定留下一

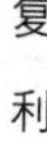

部分蛋孵化，数量和那些因为年老死去的鸡相当。这样的话，鸡农就能够保持鸡群数量的稳定。从金融学上来看，我们的说法是，如果你再投资一部分的资本用于对抗通货膨胀，你就能维持投资组合“真正”的价值。这也是很多退休老人的做法，他们靠投资组合中部分的收益存活，同时通过再投资节余的收益来保持组合实际价值的一致。

另一种选择是高兴地把所有的收入和投资资本都花光，有些退休的人会选择这样做。如果对时机把握得正好的话，这就意味着在死之前你刚好花完最后一分钱，连支付给负责你葬礼的殡仪馆人员的支票都会遭遇退票。用鸡农的例子作比喻的话，这就相当于吃光所有的鸡蛋并且宰杀部分的鸡。“让给殡仪馆人员的支票遭遇退票吧”是一个非常古老的我们“霍斯家族”的说法，因此阿斯顿，如果你认为你将会继承一大笔遗产，那恐怕我们要让你失望了。我们更希望你能仔细阅读这些信，按照信中的指示去创造你自己的部分财富。说到这，虽然我正在朝着无钱支付殡仪馆人员的方向努力，但我也知道这是非常不现实的。因为我们大多数人都不知道我们能活多久，所以无法计算我们可以花掉多少投资资本才能够让我们的收入支撑到我们寿终正寝的那一刻（也就是不知道每天可以宰食几只鸡才不至于过早把鸡吃光）。

阿斯顿，我猜你第一次看信的时候可能是 20 多岁，我希望那时的你能把下的蛋都留下孵化，同时也希望你不要宰杀你的鸡。不但如此，你还应该好好照看你的鸡，保证每一个鸡蛋都能孵化成下蛋鸡。你需要增加财富，把复利当作你最好的朋友和最佳的同盟，勤勤恳恳地积累你的投资资本，在你到达我现在这个年龄之前不要动它一分一毫。

如果你想要知道为什么复利会是你最好的朋友，你就应该先弄清楚复利的主要作用因素是什么。第一个是时间，资本投资的时间越长越好。这也就是说要尽早进行，你越早存款和投资，收益就会越高，如果你回想一下养鸡场的例子，就更容易理解了。比如说，如果资本是 20 万纽币，收益率是 9%，投资期限是 20 年的话，你将会获得 11.2 万纽币，而如果投资期限是 30 年的话，你最后会得到 26.5 万纽币，多等 10 年就能额外获得 15.3 万纽币的收益。我已经在一个账户内为你存了一笔钱，我写这封信的时候这笔存款正在以复利的方式增长。账户是锁起来的，接下来很多年内你不能动用里面的钱，这样的话几十年后这笔存款的数目应该不会少。

第二个作用因素是投资收益率。这就相当于养鸡场的繁殖率，收入越多（孵出的小鸡越多），你最终得到的钱（或小鸡）就越多。我对鸡的繁殖率一窍不通，但是我希望你年轻的时候能够积极地进行股票和房产投资，收益率至少要达到每年10%。收益率是非常重要的，看起来很细微的增长会对最后的收益产生很大的不同：假设资本是2万纽币，投资期限为30年，如果投资率为10%的话，你最终会得到34.9万纽币，而如果收益率是9%的话，仅能得到26.5万纽币。

第三个（也是最重要的）因素是资本的增加。如果你想要复利的作用发挥更充分，你需要增加投资资本，这相当于时不时地为养鸡场买进新的鸡。即使是为投资资本加入看起来非常微不足道的数额，所产生的作用也是巨大的。例如，如果你最初的资本是2万纽币，收益率是10%，如以上的例子显示，你就会得到34.9万纽币。但是如果你能够每月增加200纽币的资本，你就会得到74.3万纽币，是之前数额的两倍还多。因此阿斯顿，我能给你的最好建议是列出预算，算出你最多每月能往投资资本内存多少钱。

最后一个因素是我之前提过的：不要动用投资资本，让复利自己发挥它最大的作用。要克制住想要吃烤鸡的冲动，因为巧妇难为无米之炊，如果没有资本，复利是无法发挥作用的，就如同鸡死了就不可能再下蛋一样。

当咨询师解释复利时，他们通常会用银行存款的例子，因为银行存款比较容易理解：它们的收益仅包括利息，不包括资本利得。不过，作为一个投资者，你不会仅仅通过银行存款来投资，还会投资大量的股票、一些房地产、债券和其他存款，这样的话情况就比单单拥有银行存款复杂得多了。为了让复利发挥其积极作用，你需要确保你所有的收益（也就是资本利得和资本收益）都加入到投资本金中，这也就是说，举个股票的例子，所有的股息都要再投资（有些公司的股息是股票股息而不是现金股息，这样的话会方便投资者让股票股息以复利的方式增加）。如果你出售一项投资，所有的收入都要回归投资组合，每次卖出一项投资时，要抑制想要从中拿出一小部分钱消费的强烈欲望。基本的原则是你的资本利得和现金收入都要留在投资组合内，虽然在现实中这有时会很难做到，但是如果你想要通过复利来达到目标的话，这是必须要做到的。

阿斯顿，有时我会坐在电脑旁计算一些复利的例子，我会假设一种情况，然后计算那些数字，求出最后的结果。多年来我一直这么做，不过每次算出最终结果时我还是会忍不住惊叹，因为每次的结果总是比我凭直觉得到的数字大得多得多。我相信这也是爱因斯坦把复利称作“奇观”的原因，因为在资本不变的基础上，如果把时间作用于投资收益上，那么最后的收益将是常人无法想象的。复利的含义很容易解释，数字的计算也是合理的，但是它的力量仍然非常惊人。以复利为友就可以利用它的力量让你的财富以最大可能的限度增长。

爱你的

马丁外公

另：趁你还记得养鸡场的例子，我想再强调一点，那就是你的农场里不应该只养鸡，最好同时养几只火鸡或者鸭和鹅，以防爆发某种禽流感，要知道这种病毒对于鸡的影响是最大的。大量的鸡死亡还算小问题，农场没有家禽可以重新运作这个问题就比较严重了。优胜劣汰不但作用于大自然中的生物，同时也作用于投资领域，金融环境将会淘汰劣质的投资，就像不能抵抗禽流感的鸟类将会被淘汰一样。不论是鸡农还是投资者，都应该学会多样化经营。

流动性和自制力

亲爱的阿斯顿：

我刚才目睹了你第一次尝试投资的过程，我非常遗憾地说前景并不太乐观。从刚才我看到的情形来看，我并不认为你是一个天生的投资者。我觉得应该再给你一次机会，毕竟你现在只有2岁多，以后还会发育成长的。或许我不应该太失望，但是我要说的是，从刚才看到的早期情况来看，我认为你要成为一个成功的投资者还有非常长的一段路要走。

让我们来看看到底是什么事情让我那么沮丧吧。上周的一天傍晚，你的外婆和我去看望你的父母，我们一致决定晚饭要吃外卖。你的外婆给了你妈妈50纽币(我身上从来不带钱，这也是我的优质理财战略中的其中一

条)，让她去买些泰国菜外卖回来。当你妈妈回来时，她想把剩下的 20 纽币还给你外婆，但你外婆不肯要，接着她们为谁应该收下那 20 纽币争吵起来。我记得是你父亲做了调停者，最终圆满解决了这个问题，他建议阿斯顿你应该把那 20 块零钱放进你的储蓄罐里。

那张 20 纽币已经被叠好，你开始把它塞进储蓄罐的开口内。当我看到你非常熟练地进行这个动作时非常高兴，心想：这孩子真不错，已经开始攒 2075 年的退休金了，他以后一定会成为世界上最伟大的投资者。可是，就在你快要把那张叠好的纸币的最后一角完全塞进储蓄罐的那一刻，你改变了主意，把钱抽了出来。很显然，你开始对这张 20 纽币的纸币产生了兴趣，不想把它放进储蓄罐的黑洞里，再也看不见它。

我当然非常失望。我一直在观察你怎样试图把纸币塞进储蓄罐内，为将来存钱(那样才是好孩子!)，但我却看到你在最后关头把钱抽了出来，改变了心意。这显然是一个不顾将来，想要现在给自己购买一些消费品的做法。你竟然决定要先满足自己的欲望，那是投资者最不应该做的事，因为投资的理念是现在舍弃一些东西，为求将来有更好的回报。而你却在最后关头把 20 纽币从它该去的地方抽了出来，这种做法说明的问题让你的外公非常苦恼（我愿意认为你是因为找到了一种更好、回报率更高的投资方法才那样做的，不过我觉得这种可能性很低）。

这件事让我想到了两个词：流动性和自制力。流动性是一个投资专用术语，意思是你可以随意变现投资，也就是快速、廉价、按投资原本的价值（或者接近投资原本的价值）拿回投资的钱。那个你差一点把钱投进去的储蓄罐是陶瓷的，整个储蓄罐仅有一个开口，就是位于顶端的投币口。因此你想要拿出钱的唯一方法就是用一把榔头把它砸碎。储蓄罐虽然不是韦奇伍德（Wedgwood）[①]的瓷器，但价格也不便宜，一地的碎片也意味着这个过程并不简单。如果钱放在陶瓷存钱罐内，当你想要把钱拿出来时你就会三思而行，最后的结果很有可能是你再次把举起的榔头放下。储蓄罐可以帮助你自制，原因很简单：它不是流动性投资。

有一些投资比另外一些投资更具有流动性。银行存

① 一个著名的英国瓷器品牌，有几百年的悠久历史，产品做工精美，价格昂贵。——译者注

款的流动性通常是非常高的：只需要打一个电话或者点击几下鼠标就可以把钱拿回来。通常来说，债券的流动性也非常高：大多数的债券都可以在活跃的第二市场上流通，你可以在债券到期之前把债券出售给另外一个投资者。你会支付一些佣金，可能不能够把投资资本都拿回来，这取决于当时的利率是升还是降。但是，大多数债券的变现通常不需要损失很多。股票和债券大致相同，同样，你也需要支付佣金，不过拿回投资本金的几率相对更低。只要市场是活跃的，你应该可以找到一个买家，变现投资，尽管卖价可能不是很理想。房地产的流动性不高，因此房地产的房屋中介和律师的费用也更昂贵，要找到买家的时间也会更长，房地产市场没有股市和债券市场那样"繁忙"或"忙碌"。

有些投资根本没有流动性，也就是说除非它们投资期限到期，否则根本不可能变现。退休金就属于这一类，一些其他的信托基金也归入这类，比如私人股票基金和一些对冲基金。这些锁定投资的回报通常较高，因为如果它们的流动性很低，投资者理所当然地会要求高回报。这就是说低流动性（或零流动性）的投资会比较廉价，而如果它们的价格比较低廉，就意味着你会得到较高的回报。如果你从一个基金管理者的观点来看，你就会理解确定性的好处，也就是他们会在很长一段时期内持有投资者的钱，并且确定投资者不可以取回他们的投资资本。这可以让他们自由地进行高回报的长期投资。

流动性低、投资廉价以及高回报的投资的反面当然是流动性高的投资通常更昂贵。事实上作为一个投资者，流动性投资的成本更高。很久以前我就认为人们花在流动性上的资金太多了，很多投资项目的宣传重点是你可以随时退出，而正确的做法是你根本就不应该考虑变现你的投资。

进一步说，对于一些人，如果他们根本无法变现投资的话，他们的回报可能会更高。鉴于你处理这 20 纽币纸币的表现，我有一种感觉你可能会成为他们其中的一员。这就要说到我前面提过的第二个词——自制力。有些人自制力很好，有些人很差。我不确定自制力是否可以通过学习获得或者改进，或许有可能我们的自制力是与生俱来，不能改变的，又或者自制力是可以通过某种方法增强的。不管怎样，当涉及投资时，你需要知道自己自制力的强弱，然后采取相应的行动。

这就是说要诚实地面对自己。如果你至少有一次或

两次打破原本应该是长期的投资计划，仅仅因为想要购买某样东西或被一些其他的投资项目吸引，如果你这样做的次数很多，就证明你缺乏投资自制力。你应该清楚自己的缺点，如果你是这样的人，流动性对你来说没有任何好处，你也不应该为此损失什么。相反，缺乏自制力的你最不应该选择的就是流动性投资，也不应该为了变现而损失任何收益。这就是说如果你曾经因为抵挡不住诱惑而砸碎了陶瓷储蓄罐，那你应该换一个铁的储蓄罐。

我认为如果基金管理人最好可以创造零流动性的股票基金。这是因为股票的波动性很大，导致在股价下跌时，很多人甚至是自制力很好的人，纷纷退出股市。股市的声音如此嘈杂并让人焦虑，以至于让人感到恐慌，纷纷跳出股市，而正确的做法应该是按兵不动。我的投资箴言是“低买高卖”，这句话说起来非常简单，但是要做到就不那么容易了。我们都知道，股票投资要很长一段时间后才能给予我们最好的回报，但是大多数的人并不能完全享有最高回报，因为他们过早地退出股市。一部分原因是缺乏自制力，而另一部分原因是对波动性的恐惧心理，不管是什么原因，我都为他们感到惋惜。很多人的结局都与投资准则背道而驰，他们高价买进低价卖出。

流动性并没有人们认为的那么美好，有些投资的宣传重点放在了流动性上，但那对于一些投资者来说根本不算优点。流动性的代价需要从你的投资收益中扣除，对于一些人来说，这是违背投资策略的。显然大多数人都需要有一些流动性投资，比如说，每个人都应该有一些银行存款（阿斯顿，过去我们把这种做法叫做“未雨绸缪”）。然而长期投资者是不需要流动性的，在大多数情况下他们也不应该需要流动性。

爱你的

马丁外公

另：我刚刚问过你外婆“学习是否可以使人的自制力增强”（她非常了解这些事情），她的回答是“当然有可能”。你可以先从一些小的事情着手，也就是比较简单而且时间较短的事情，然后逐渐过渡到比较困难、耗时较长的事情，你要试图建立最好的途径、习惯和操作方法。实际上，如果仔细想想，我们工作和家庭中产生的很多问题，当然还有金钱方面的问题，都是由于糟糕的个人管理引起的。这就是你会有一个储蓄罐的原因，它可以帮助你养成好的习惯和自制力，同时也是我不希望你的父母让你砸开储蓄罐的原因，除非储蓄罐已经装满并且你对里面的钱有更好的用途。

负债经营

亲爱的阿斯顿：

债务有好坏之分，还有不折不扣的死债。我不想多浪费时间在讨论坏债和死债上，也希望你永远都不要被这两种债务缠上。背负坏债的情况是当你向人借钱购买一样东西，但购买之后这样东西又很有可能会贬值：我现在能想到的是借钱买车、电视机和其他家用电器。借款人为了购买这些物品背上了债务，但是这些物品的价值会随着时间的推移而下降，与此同时债务的利息还需要继续支付。死债更糟，就是借钱购买消费品（蔬菜、衣服甚至是出门度假）。在购买的当日，这些物品就会被用光，但是债务（通常是信用卡的债务）还存在，利息也在不断地增加。阿斯顿，你要发誓你绝对不会和坏债或者死债沾上边。

但是有一种债务会对你有利，并且可以帮助你改善经济状况，那就是好债。**当你借钱购买一项资产，而这项资产可以为你带来收入，并且合理预计其价值会上升时，这种债务就叫好债。**这项资产会是股票、房地产和产生利息的存款三种投资方式中的其中一种。通过借款的方式来购买以上资产中的任何一种都是不错的理财策略，而借款来买电视机是很愚蠢的做法，更愚蠢的做法是借钱去度假。

我想告诉你的是，借款投资是让你变得富有的方法。按投资行业的说法这叫负债经营，这是个非常好的词语，因为如同自行车上变速器①的作用一样，财政负债经营可以让你更快达到目标。有些人还把借款投资比喻为"杠杆"。这是另外一种恰当的比喻，因为一根杠杆可以让你移动更大的物体（阿基米德曾说过如果他有一根足够长的杠杆，他就能撬起地球）。那么，这跟投资和财务有什么关系呢？

---

① 英文中"负债经营"和"变速器"的词根相同，故作者有此一说。——译者注

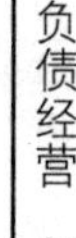

你还记得吗？在前面一封信中我说过我的第二笔房地产交易比第一次成功，还挣了更多的钱。虽然那次我还是做了一些傻事（我又买了一块空地皮，而且出手过早），不过有件事我做对了：我用了负债经营的方法。

我记得是在 1980 年（也是你妈妈出生那年），我以 1 万纽币买进这块空地皮。付款方式是我先支付 500 纽币的定金，卖主会借给我余下的钱（也就是 9 500 纽币，头两年不收利息）。我买进地皮之后什么都没做，任其杂草丛生。大概是两年期限到期前的 3 个月，也就是 3 个月以后我需要偿还卖主的借款，我开始考虑还款问题。我的一种选择是去银行贷款 9 500 纽币来偿还卖主的借款，我认为银行很有可能会贷款给我，不过利息将会非常高。那时你妈妈只有 2 岁，而你的小姨格蕾塔也即将出生，我们手头很紧，所以从银行贷款似乎不是一个非常好的主意。那我就剩另外一种选择——出售。

就这样我在当地报纸登了广告（那时候还没有网上拍卖场，因为网络还没有普及，我们只能打电话，不过那时的电话也不是很可靠），之后有一个人联系了我。这家伙只看了一眼这块地皮就当场同意给我写一张 1.5 万纽币的支票。我接受了他 1.5 万纽币的出价，赚了 5 000

纽币。

乍一看你可能会认为我的投资收益率是50%,因为我是1万纽币买进,1.5万纽币出手。从某种程度上说你这种想法是正确的,因为这块地皮在两年内增值了50%,但是我的收益远不止如此。你还记得我自己投资了多少钱吗?没错,我只投入了500纽币,其他的钱都是卖主借给我的,而且没有利息,我的收益是5 000纽币,这样计算的话我就挣了投资资本的10倍之多,也就是1000%。举债经营让我的收益回报率从50%升到了1000%。你外公我总算做对了一件事!

话说回来,事实上我能做成这笔交易有运气的成分,所以我也不想为你推荐这样的投资方式,不过你可以从中学习负债经营投资的方法,从以上这笔交易中,你也看到了负债经营的确可以大大增加你的收益。但是我想要给你提个醒:负债经营同样也会扩大你的损失,下面会向你展示它如何扩大损失。不过,如果负债经营的方法在正确的投资交易中使用得当,债务就变成了好债。

在这笔交易中我犯了两个错误,一个是没有购买可以产生收入的房产(而是买了一块空地皮进行投机性投资)，另一个是采取了短期投资，过早出手。如果我没有犯这些错误的话，我就可以在增加收益的同时降低风险。假设我当时买的是可以产生收益的投资，那么等到要筹钱还债给卖主的时候，我的压力就会小很多。因为如果有房租收入，我就可以轻易地向银行贷款，用房租的收入来支付银行贷款利息。

人们在进行负债经营投资时经常会用到这种方法来提供资金：房租收入或股票的股息可以用来支付利息（至少可以支付部分利息)。我那时候是非常幸运的，竟然有人愿意借给我钱，而且不收利息。缺陷就是期限只有 2 年，时间太短，一眨眼就过去了。当时我的第二个孩子即将出生，生意也越做越大，我需要卖掉那块地皮来还债，因为它不能给我带来收入，而卖掉它是我犯的第二个错误。这块地皮现在的价值肯定超过 15 万纽币，对于我当时投入的 500 纽币来说，这个回报率相当之高。

假设这块地皮可以给我带来收入的话，我就很有可能不会卖掉它，而是等到收入和价值升高之后，用它来贷款，进行更多的投资。运用升值的股票和收入来购买更多的投资是个良性循环，它使得很多人在几年内发财致富。因为我买了一块不能产生收入的土地，然后又过早地出售，使得我错失了这个发财致富的良机。

从长远来看，负债经营投资（或者杠杆投资）是非常有效的。首先你需要一项升值的资产（这不包括银行存款和债券），最理想的是这项资产可以给你带来不错的收入，减轻你借款所需的费用。股票和房地产虽然有可能在持续的一段时间内不会升值，反而急剧贬值，但是从长期来看，它们最终一定会升值。对于负债经营的投资者来说这也可能会是个大灾难，因为虽然收益可以通过负债经营加倍，但是同理损失也会加倍。这意味着你原本可能只是中度财政损失，亏损一些，但是负债经营投资会将损失扩大，让你倾家荡产。

回想一下那块我自己出了 500 纽币，借了9 500纽币买的价格为 1 万纽币的空地皮吧，假设房地产市场价格跌了一点，那块地皮只能卖9 500纽币的话，我将会血本无归（事实上那样的话我会更惨，因为我还要额外支付买进和卖出房产的其他费用）。假设市场行情大跌，那块地皮仅能卖 8 000 纽币，那我不仅要损失我的 500 纽币预付，还要想法儿从别处筹来1 500纽币，再假设如果我没有筹到钱，我将会面临破产。我知道这些钱的数目在今天看来非常少，现在，我随时都能从信用卡里透支1 500

纽币。等到你读这封信的时候,这些钱的数目对你来说可能也只是零头而已,为了保持一致的效果,或许你应该在后面加上一个或两个零。

最近几十年内,几次最惨不忍睹的市场崩溃的罪魁祸首就是负债经营投资,所以人们对它的指责也无可厚非。市场低迷会影响那些借钱投资的人,迫使他们出售投资。这些被强迫的出售又会进一步促使市场的低迷,而这个低迷甚至会演变成一个无底深渊。1929 年和 1987 年的市场崩溃如此严重,就是因为很多人都是以借款的方式参与市场。切记:负债经营是一把双刃剑。

你要掌握的技巧是保证你永远都不会让自己走到被迫出售投资的这一步,保证你能够在市场中停留足够长的时间,等待市场的恢复。尽管在大萧条时期整个市场看起来像世界末日,但是市场始终会恢复的,一如既往,或许以后这会成为一种固有的规律。受影响最深的是那些因为无法继续负担借款费用而被迫退出市场的人。当你运用负债经营的方法时,你要不就采取保守做法,一旦察觉市场有低迷的征兆就赶紧出手(不过这说起来容易,做起来很难),要不就准备长期作战,坚持支付借款费用。长期来看,尽管很难做到,但是长期停留在市场中的战略可能是比较好的。因为要长期作战，投资是否能够持续产生可观的收入就显得极为关键，因为这份收入能为你提供赖以生存的现金流动。

负债经营投资的方法可以有很多种。如果要买房地产，最常见的方法是去银行贷款或者寻找其他类型的贷款人，除此之外，还可以通过卖主融资，或许可以延期清算（这也是一种负债经营的方法）。等你以后阅读投资书籍的时候，你可能会觉得房地产是唯一一种可以负债经营的投资，但是别忘了，购买股票的时候你也可以向银行贷款。很多经纪人也会提供股票保证金融资（一种特殊的借款购买股票的方法，也非常容易做到）。同样你也可以负债经营股票，如购买期权、权证、期货和其他比较复杂的投资合成。不过，如果你要这样做，要保证你完全了解这些负债经营的方法。除了短期债券交易人之外，很少有人会负债经营债券或其他存款投资，因为没有意义。你要保持头脑灵活，如果遇到那些可以让你先预付很少一部分的钱来投资大项目的新方法，你要乐于接受。只要你能够支付并有能力进行长期投资，通过负债经营的方式投资股票或房地产的方法是可以接受的。

阿斯顿，最后我要说的是，要谨慎选择负债经营这种方法。我鼓励你在年轻的时候尝试，前提是你有长期投资的自信和能力。如果你认为资金将会短缺，那么请立即打消念头。你应该听过“祸不单行”这个词，坏事情总是喜欢成群结队地来，比如利息刚上涨，你的房客又要搬走，紧接着生意也越来越差。你可能有能力应付以上的某一种突发情况，但是如果它们都赶在同一时间发生，你将会陷入财政危机。但是，我认识的绝大多数人都是通过负债经营的方法增加收益、致富发家的，因此，要学会借钱投资，与此同时要仔细掂量风险的程度。

既不要借款，也不要放贷?！那简直就是胡说八道。阿斯顿，如果你肯定了这个做法是正确的，那么就大胆地去借钱实施吧。

爱你的

马丁外公

另：我从来都不认为抵税是个好事情。抵税就是：如果你买了一处房产，但是房租不足以支付贷款利息的费用，造成资金负增长，这种情况就叫抵税。通常情况下，这种亏损可以通过其他的收入来弥补，财政年度的退税也会缓解这种亏损。但是，整个投资过程的成功完全取决于房地产价值的上升，不然有谁会明知道是亏本生意还往里投资？

房租收益过低的时候就会产生抵税。这通常发生在经济繁荣（或经济泡沫）时期，是房地产的价值过高造成的。你现在应该对我和我的投资准则非常清楚，也应该知道我的观点是不要在经济繁荣的时候买入，我一向的观点是宁愿在投资盈利上缴一些税，也不要亏本经营之后申请退税。

遗憾的事

亲爱的阿斯顿：

我刚刚结束了一个客户打过来的电话，聊了很久，但谈话结果非常令人满意。这个客户（我们就叫他比尔）和我合作大概有 10 年了，他非常聪明，医疗事业也很成功，我一直都在帮助他进行投资。比尔通常是非常冷静、条理清晰的，但是今晚的他非常烦恼。

我写这封信的时候是 2009 年年初，你可能知道这个时候的市场刚经历了一次暴跌，全球经济衰退刚刚开始，这次衰退持续的时间将会很长，影响也会很严重。和很多其他人一样，比尔为他在美国股票市场上的一些损失头疼不已。今晚他的怒火主要是针对一家技术科技公司。（阿斯顿，我很好奇当你读这封信的时候，这家公司还在吗?)

言归正传,比尔打电话过来是因为他一年前以630纽币的价格买进了一些该公司的股票,现在价格却跌到了330纽币。他的股票经纪人建议他全部出售,买别的股票。你要明白比尔持有的这些股票并不多,大概只有几百股,仅占他的投资组合总数的很小一部分,总体上来说,比尔完全能很好地承受经济的衰退和股票价值的暴跌。尽管如此,他今晚打电话来的时候还是非常激动,因为他买的这家公司的股票跌了,还因为他的股票经纪人建议他出手。他的反应有点过分了,因为这些股票在他的投资组合中所占的比例毕竟很小。不过亏损给人带来的痛苦比盈利带来的喜悦总是要多得多。

在比尔大概说了几分钟之后,我给他分析了一下情况。我最主要的做法是让他纵观全局,毕竟他的损失对于整个投资组合来说并没有多大影响(我之前建议过他要持有大量的现金,再购买一些防守性股票,如强生),加上他的医疗事业基本上是不会受经济衰退影响的(如果有人需要一个耳鼻喉外科医生,那么他只能去看耳鼻喉外科医生)。就像我说的,比尔是个聪明人,一点就通,他开始冷静下来,但是没过多久我又急了,因为我听到他说:“好吧,我明白你的意思了,那我就等这些股票回升,等它们升到和我购买价格差不多时我再出手。”

这种话我已经听过千百次了,为什么人们总是过于计较购买投资时候所投入的资金,而忽视了分析这项投资的前景是否盈利呢?我可以理解人们会因为某一项投资而后悔不已,我自己也做过好几件让我悔之莫及的事。但是,如果只是期望它会在未来某一个不确定的时间里重新上涨到与你的买价相当的价格,坚持不卖掉股票,这是不可取的。我不明白为什么要把钱投资在曾经亏损的股票上。

一年前,比尔以630纽币每股的价格买入那家公司的股票,因为那时候他(以及他的股票经纪人)看到股票很有价值。这样的话就有两种可能:一是比尔的眼光是正确的,这些股票确实有价值。如果是那样的话,股价的下跌就会是暂时的。如果630纽币每股的价格都会有盈利,那330纽币每股的价格盈利就更高了,如此比尔应该买进更多。二是比尔对该公司的预测错误,股票没有价值,不会盈利,市场已经意识到了这点,所以把股价压低了。如果是那样的话,比尔应该认识到自己的错误,抛售股票,把钱投资在别处。抱着拿回成本的希望不出售股票，等待股价恢复到买入价水平的做法是毫无作为的，就像处于某种投资死局中，没有收益，也不管将来会发生什么事。

比尔是非常不情愿出售这家公司的股票的，因为他认定这将会意味着他亏损了。事实上，尽管比尔的智商很高，但是他却没有意识到他其实已经亏损了。股票从630纽币跌到了330纽币，不管他是否卖出股票，都无法改变他已经亏损的事实。我认为比尔的看法是，一旦卖出股票就会坐实他亏损的事实，并且这种亏损是无法改变的，卖掉股票就代表他被打败了，还因此被迫撤退。如果卖掉这些股票，那么任何一丝扭亏为盈的希望都会破灭，损失将会变成确定的事实。

聪明的投资者总是向前看。对于是否应该持有（或出售）某一项投资，他们的考虑因素是未来市场的趋势，而不是买入时候的价格，因为那个价格只是他们碰巧在过去某个时候任意支付的一个数值。投资的买入价是不重要的，重要的是现在以及将来的价格。只有当你想要吸取教训的时候你才需要往后看，反省自己的所作所为。聪明的投资者会尽量减少亏损，增加收益（这是另一个古老的投资说法）。比尔需要认识到虽然卖掉股票会让他的损失变成不可改变的事实，但是这件事有其两面性：一方面它意味着比尔再也不能靠那些股票盈利，他的失败将会是永久性的，不可逆转的。但是，它同时也意味着他的损失不会进一步扩大，因为没有任何迹象表明那家公司的股票不会再继续下跌。如果真的是没希望了，那么比尔应该及时挽救剩余的钱，然后把这些钱投入可以挣钱的投资项目中。

阿斯顿，如果你在投资上犯了一个错误，要大方承认，没有必要学鸵鸟，把头埋入沙中等待麻烦过去。仔细分析投资，看看自己是否真的计算失误。如果错了，把剩下的钱拿回来，投资到好的项目中，这样才是生财之道。你要找出问题所在，从中吸取教训（我发现人从失败中学到的东西比从成功中学到的东西要多）。如果你认为自己没有错，那你实际上就是说市场错了，市场其实还没有完全体现这项投资的真正价值。如果你对自己的判断很有信心，那就应该坚持到底，也可以多买入，但是千万不要抱着等到股价升到原先的买入价时再卖出的想法，因为那些钱可以产生的利润远不止如此。

刚才我在电话里听比尔说话的时候情绪不应该那么激动，到如今我应该明白人们在投资亏损时都会有那样的打算，这是人性的体现。我们的思想中有一种东西，我怀疑是我们根深蒂固的本能，让我们不肯轻易放过我们犯的错误。聪明的投资者会驾驭这种本能，不让它主导我们的思想。阿斯顿，认识并接受错误才会进步。

爱你的

马丁外公

风　险

亲爱的阿斯顿：

我出生于1952年的新西兰，那个年代的新西兰繁荣富足，提倡法治，尊重生命、自由以及个人发展。你可能会问：那跟运气有什么关系呢？阿斯顿，一个人的出生有很多种可能性：我可能会出生在1968年的非洲或1433年的西伯利亚，也可能会出生于公元前76年的罗马，生来就是奴隶，又或者是一个1206年出生在法国的农奴，还有一种可能是同样出生于1952年，但是出生地是苏丹或印度的乡村（或者更糟，我可能生来是个女人）。但是尽管有这么多种可能性，我却出生在了一个自由的国家，一个重视孩子抚养和教育的国家，这个国家的父母可以为孩子提供一个良好的家庭环境。我尚未经历过战争，没有遭遇过经济萧条（虽然就在我写这封信的时候，新西兰有出现经济萧条的可能），也没有遭遇过（或死于）流行性大疾病，一直以来我都是丰衣足食，健康状况良好，我的孩子都还活着并且生活得很好。如果回顾一下历史，你就会发现所有这些事情都不是理所当然的，大部分年代的大多数人都会羡慕我的生活，因为我一直以来的生活可以算得上很美好。

我能出生在这个大多数人眼中的天堂并不是因为我做了什么特别明智的事情，或者我有资格出生在这样一个地点和时间。我并没有做什么特别的事情，也不知道这为何会发生，所以我只能把这个归为幸运。毕竟我出生于 20 世纪 50 年代的新西兰的几率非常低，而出生于那些处于战乱、瘟疫或贫穷的不幸的国家的几率远高于此。

你不能仅仅因为我是个幸运儿就忽视世界是一个可怕的地方这个事实，因为那么多人（或者大多数人）都在遭遇不幸。阿斯顿，如果你稍微了解一点历史的话，你就会发现我真的是非常幸运（你也是），历史上的其他人远没有我们这么幸运。我能想象得到如果西哥特人攻打新西兰，那么你的投资策略将变得无足轻重，或者，如果黑死病爆发，谁还会理会投资收益是多少？不过，虽然我没有经历过这些灾难，我总是牢记一点：事情任何时候都有可能返回它一向的运行轨道，不幸随时都有可能降临到我身上。

投资的关键就是降低风险。你需要考虑你的投资任务是什么，包括现在和将来的投资任务，然后明确你的任务，寻找合适的资产。开始投资之前先考虑清楚自己的任务是什么，这看起来好像与常规不符，顺序好像颠倒了。投资是投资资产，这和投资任务有什么关系？听我说，阿斯顿，这关系大了。聪明的投资者会在投入资金之前考虑他们的投资任务和他们将来可能面临的风险。他们既想完成投资任务，同时又需要规避风险，基于此，他们会选择最适合的（投资）项目。

我们首先来看一个简单的例子：比如说有一个 17 岁的年轻人 18 个月后要去读大学，他想在读大学的时候买辆车（我们就为他取名肖恩）。肖恩做的第一件事是打听一辆合适的车要花多少钱，他会发现5 000纽币就足够了。下一步就是问父母要，这也是所有 17 岁的年轻人在需要5 000纽币时的反应。如果他们不同意支付，接下来一个多星期，肖恩会生气发牢骚，但是如果连这招都不能改变他父母的主意，他就会实行第二套方案，那就是打零工挣钱买车。（阿斯顿，我希望你不会认为通过打工挣钱来买车这个想法不切实际或不可理喻。）经过计算，肖恩知道他每个星期能攒下 60 纽币，这样的话大概一年半之后他就能买辆车了，时间刚刚好。

那么现在，肖恩需要决定在他攒钱的过程中应该如何处理这些钱。他的一个叔叔告诉他股票的收益是最好的，而且现在股市行情也很好，如果他把攒的钱用来投资股票，那么几个月之后他就能买车了。他的叔叔只说对了一部分，因为如果肖恩进行长期投资，他确实能得到较高的收益，但是请回想一下肖恩的投资任务：他需要在 18 个月后拿出5 000纽币的现金。18 个月的期限很短，而且买股票就像买彩票一样，谁知道在这期间股市会发生什么变动。我们都知道股票的波动性很大（它们的起伏太过频繁），所以一年半以后，肖恩很有可能会发现虽然他每个月都攒了 60 纽币，但是股票的价值却连5 000纽币都不到，因为股市很有可能在肖恩需要买车的时候下滑。基于肖恩的投资任务，他应该进行风险最低的投资（波动性最小的投资方式），那就是银行存款。当然，他不会获得高收益，但是最起码在他需要钱的时候他能够拿得

出来。

另一种截然不同的情况是一个人要为他退休之后攒钱。这个人的投资任务就是让自己能够在将来的某一段时间内养活自己，他会给自己设立一个目标，也就是他要明确自己需要多少钱以及什么时候需要。要达到这个目标可能需要几十年，而且这么长时间内房地产和股票市场持续表现失常的可能性很低。市场虽然有起有落，但是长远来看那些投资项目将会带来最好的回报。因此，由于时间比较长，他也可以承受一定程度的波动性，这个投资者会采取一种能够帮助他完成任务的投资策略，而这个策略很有可能会是主动型投资策略，他还可以使用负债经营(借款)的方法来增加收入。

还有一个例子是一个刚刚退休的人需要妥善安排他的投资组合，使自己可以支付得起日常生活开销。这位投资者最大的敌人是通货膨胀，所以他真的非常需要增加资产的价值，确保总体的投资组合价值有一定的增长，最起码能够保持资本和收入与原本的价值相当。阿斯顿，我知道当你读这封信的时候离退休还有很长一段时间，但是明确投资任务和投资风险一直以来都是有效的做法。已经退休的人当然应该购买一些债券，为他们提供收入(他们还有一个任务就是要购买蔬菜和支付生活费用),但是他们还应该购买一些增长型的投资,以规避通货膨胀的风险。

选择投资前你应该衡量你的任务和可能面临的风险,使两者达到最佳平衡点。如果你将来打算经常出国旅游,那么你的任务将会是购买外汇(比如说欧元)来支付你在国外的衣食住行玩等行为。如果你的任务是购买欧元,你的投资就应该可以给你带来欧元,否则你将会面临欧元上涨的风险,也就是说等以后你去法国或爱尔兰旅游的时候,可能连一杯咖啡都买不起,更不要说住在一间不错的宾馆里了。如果你的任务是购买食物以及每月的开销,你最好选择以下任意一种投资:能够定期为你带来资金收入的投资,或者最起码你要拥有流通性高的投资。

在你根据风险和任务来考虑进行何种投资之前,你需要先遵守一条我先前提到的原则,那就是你的第一项投资应该是购买自己的房子,你的首要任务是有瓦遮头,为你的余生(希望你能够长命百岁)提供安身之所。再者,你也不想时刻受到房价和房租上涨的威胁,否则一旦房价和房租上涨,你可能会被迫退出市场。

显然这个世界充满了各种风险,实质上世界是一个非常可怕的地方，即使是20世纪50年代出生的新西兰人也不能信誓旦旦地说他们以后的生活会一帆风顺。你需要考虑通货膨胀的风险（因此要购买房地产和股票），甚至是超级膨胀的风险（意味着要购买更多的股票和房地产）；世界可能会发生货币崩溃，或者发生某种经济衰退（应购买瑞士法郎或者黄金），你也可能面临个人的风险，比如失业（所以要预备可以支付3个月生活费的现金）或者抚养你的人突然死去（应购买人寿保险）。

你需要考虑所面临的风险以及要完成的投资任务，试图从中找到一种可以平衡两者的投资项目，至少可以在某种程度上减轻风险。当然你也不要杞人忧天，有些风险虽然有可能变成现实，但是发生的可能性却极低（比如说，你不需要因为担心国家被侵略，所以埋一坛黄金在花园里，除非你是住在像格鲁吉亚那样的国家）。总之，如果你能清楚你面临的风险和任务，你就会在投资时三思而行，如果你清楚投资的目的（要完成的任务或者需要规避的风险），那么挑选合适的投资时将会更加容易。

爱你的

马丁外公

理财顾问

亲爱的阿斯顿：

我的职业很受人轻视，公众对我们没有好感，有时甚至连我们自己的客户都不喜欢我们。事实上，从多方面考虑，我自己都不认为投资理财咨询是一项“职业”。在我看来，专业人士是那些把客户的利益放在首位的人，但是很多理财和投资顾问并不是如此，因为他们很多人都忙于推销他们的产品，而从来都不去考虑客户真正的需求。

但是，像法律、会计或医学一样，投资理财咨询的确包含丰富的知识，它可能没有法律、会计或医学行业的专业知识那么具体或难懂，不过从事投资理财也需要具备大量的知识，而这类知识并不是每个人都有所了解。此

外，大众也需要了解并想要了解这些知识，因为他们自己并不了解理财和投资，所以他们会有投资和理财咨询方面的需求。那么既然如此，为什么人们普遍不尊重理财顾问呢？

我认为主要有两个原因：一是很多投资理财顾问的工作仍是佣金制。当然，这正在发生变化，越来越多的人，像我一样，只是收取服务费。我的猜测是在很多地方，最常见的商业模式是基金管理人根据投资的金额付给理财顾问一定比例的金钱作为佣金，尽管有一部分顾问正在向“只收服务费，不抽佣金”的模式转化，但广大群众记住的只有那些赚取佣金的顾问。而因为理财顾问赚取的是佣金，他们肯定会大力推销投资产品，这种情况多数是真实的。

佣金体系把投资理财顾问变成了交易的参与方，他们的薪金只有在交易发生后才能产生。因为如此，他们并不是独立的投资理财顾问，更精确地说是销售。不管他们的思想有多么崇高，多么真心地把他们客户的利益铭记在心，客户也不会完全信任他们，因为客户的疑心始终不能消除，他们会怀疑他们的投资理财顾问私下是不是拿了别人（基金管理人）的钱。不管你的原则是什么，要成为一名专业人士是非常困难的，冲突始终存在，一方面要为客户着想，另一方面要牢记你需要推销你的服务。但是精英人士却能够获得客户的信任，因为他们非常可靠、有能力、服务及时、言行一致。这些人对客户表示善意的同时也会有自己的一点私心，不过大家都可以理解，因为无论哪位专业人士，他们的目标都是卖出产品或服务，所以他们肯定会有一点私心。**我从中得出这样一个公式：专业人士的品质－私心的程度＝客户信任度。**

阿斯顿，我的看法是除非取消佣金制，否则人们永远都不会信任投资理财咨询行业的人，或对待他们与其他专业人士做到一视同仁。有些投资理财顾问和我争辩说大众是绝对不会同意为我们的咨询服务付费的。当然，这并不是事实，因为我和其他一部分人都会对我们的咨询服务收费。他们真正想表达的看法是：人们并不认为我们理财投资顾问可以给客户带来很大的价值，所以我们不值得拥有高收入，因此需要通过佣金体系来掩盖我们获得巨额薪酬的事实。

人们不尊重理财顾问（尤其是投资顾问）的第二个原因是他们总是在预测未来，而未来又是最难揣测的。阿斯顿，你应该知道投资与未来息息相关，我之前的信中和

你说过这点。投资顾问可以回顾历史，尽管没人敢保证历史可以帮助他们准确地判断未来，但是这是他们可以依赖的并且比较可靠的向导。事实上，投资顾问的工作就是研究过去的数据和推测可能性。从长期来看，这是非常有效的，也就是说，如果我们要估计长期投资在未来几十年可能产生的投资收益，那么我们的预测将会非常准确。但是，对于短期投资，它就没那么可靠了。比如说，我们可以比较肯定地说在接下来的20年内，某一种类型的股票每年的收益率可以达到11%，但是在未来12个月内，同样一支股票的收益率可能会是负20%，也可能是50%。

对于投资顾问来说，他们面临的问题是客户通常不会关心市场20年的走势，只关心现在面临的损失。就算理财顾问已经向客户解释过波动性，也已经告知他有可能会出现亏损的情况(实际上，有的顾问甚至已经具体地向客户说过他们推荐的这个投资组合每4年会有1年出现亏损)，但是客户遭遇损失的时候还是会不高兴。那么这个生气的客户会怎么做呢？他会把过错推给投资顾问。

对比其他的专业(法律、会计、工程或医学)，投资咨询的确定性是比较低的，另外它还受人性弱点的影响：当投资表现良好时，客户通常会说他们不会拒绝风险性投资，可以承受一定程度的波动性（因为他们追求更高的收益），但是当风险真的降临时，他们会意识到他们其实一点儿也不喜欢亏损。

投资理财顾问因为短期内的市场走势饱受责难，很多这样的责难是非常不公平的，但是我们必须承认这确实是理财顾问不受欢迎的原因之一。

是的，我也曾经给过客户错误的投资建议，他们也因此而亏损，所以我对于理财咨询领域的坏名声也作出过自己的“贡献”。不过，我这辈子从来没有拿过佣金，所以我并没有从那方面损坏咨询顾问的形象。无论在哪个行业，总有些人是完全自私自利，而有些人没有那么自私；有些人能力很强，而有些人能力不足。虽然投资理财咨询行业的名声没有那么好，我还是会征求理财顾问的意见，因为一人计短，二人计长。而且投资理财顾问对几十年来的投资历史了如指掌，他们能够给客户的投资活动带来的价值也远远超过他们收取的服务费。

我常常说投资亏损的第二大原因是听信了妻弟或某个善意（但是消息不准确）的叔叔给出的建议。我的一个朋友曾经很好地总结了这一点：“如果你认为专业人士收

取的费用太昂贵了，那么等你和业余人士打过交道再来说这种话吧。”我建议你花钱购买一个投资理财顾问的服务，因为他们的收费是物有所值的。

没有一个投资理财顾问是无所不知的，所以我总是会对别人给我的建议持怀疑态度，如果有需要的话我还会征求第二个人的建议。千万不要雇用那些从第三方获取佣金的顾问，但也不要因为咨询行业中存在一些水平非常一般的人就拒绝雇用投资理财顾问，因为有一些咨询顾问还是很优秀的，而优秀的咨询顾问可以帮你挣钱。阿斯顿，你的任务就是找到一个这样的投资理财顾问。

爱你的

马丁外公

太过诱人的投资肯定是骗局

亲爱的阿斯顿：

在1988年的时候，我曾和一位好朋友莎拉大吵过一次。事情是这样的：她收到了一份来自尼日利亚安特普莱斯石油公司前任主席的传真，说他需要从尼日利亚拿走1.2亿美元，而要拿出这笔钱，他需要一个海外的银行账户，他询问莎拉是否能够发发善心透露她自己的银行账户信息，让他把这笔1.2亿美元存进她的账户。如果莎拉同意，他可以分给莎拉一半的钱，即6 000万美元。

在那时，类似这种请求的传真在世界范围内非常普遍，新闻媒体对这些事情的报道也是铺天盖地。我和莎拉争论的重点是：向这位前任主席提供莎拉银行账户的信息是否会对莎拉造成什么伤害？莎拉认为那肯定没有危险，但是只有肯定这件事没有任何猫腻，她才会采取下一步行动。我不知道这些诈骗犯拿到受害人的银行信息之后会进行什么样的操作，但是我可以确定的一点是他们既精明又残忍（曾经发生过受害人试图追踪诈骗犯，而最终浮尸尼罗河的案件）。我的看法是让莎拉不要理会那份传真，我觉得她并不是一个天真或不谙世事的人，她应该知道如果听信了那份传真的请求，她将会面临巨大的风险。

“如果某件事情听起来好得不像真的，那么很有可能它就不是真的”，虽然这句老话我们听了无数次，但还是会常常忽略它。我要提醒你的是，并不仅仅只有傻瓜才会被骗钱，有时候一些精明老练的商人也同样会受骗上当。我不希望看到你被卷入骗局，损失惨重，如果你的钱财被洗劫一空，我会更加受不了。这类事情发生得太频繁了，有很多“投资者”常常被骗得一无所有。

世界上就是有一些奸诈之徒，他们出售“投资项目”可以像卖狗皮膏药一样轻松（或许那些劣质的投资项目比狗皮膏药更加有利可图）。那些人想出来的项目中，有一些是规模较大、成熟并且可以运行较长一段时间的，而另外一些是规模较小、投机取巧的项目。有一些项目从一开始就是个骗局，经过精心和小心的策划。而其他的投资项目虽然从来也没有盈利，但是并不代表它们从一开始就是一个骗局，可能只是因为投资项目失败，策划人非常绝望，走投无路，所以才开始他们的欺诈行为。

诈骗活动在经济景气的时候会比较猖獗。**世界上总有些人想要通过欺骗的手段获取钱财，当挣钱比较容易，市场经济繁荣时，那些人就会把重心放在投资诈骗上。**你可能认为在经济低迷时期，诈骗犯会因为个人境况窘困而比较猖狂，不过事实并不是如此。当金钱来得容易，我们的警惕性会降低，那时候，诈骗团伙才最活跃。因为与货币紧缩的时期相比，在行情高涨的时期，高回报的承诺听起来更加可信。经济困难的时候，人们会千方百计握紧手中的钱。只有在经济繁荣的时候，才会出现诈骗犯和他们所推销的“投资项目”的诈骗性质不断被曝光，法院的逮捕和案件不断增加的情况。有些是公司欺诈（如安然公司），其他的是针对个人的诈骗行为。我写这封信的时候，伯纳德·马多夫（Bernard Madoff）因为设下大型的“庞氏骗局”而被起诉，他从客户手中骗取的金额高达几十亿美元。骗局和欺诈时时刻刻都存在，但是投资骗局主要是在经济繁荣的时候出现，在经济泡沫破灭时被曝光。

阿斯顿，我希望你永远也不会沦为诈骗活动的受害者。投资骗局通常有三个特征，如果能记住这些特征，你就能明辨是非，认清骗局的本质。

第一个特征是承诺非常高的回报率。它有可能承诺每个月10%的回报率（或者每年150%），不管是什么类型的投资，这个数目的回报率都是非常高的。有时候这些骗子会先按时支付这样的回报，他们会向你保证有10%的回报率，但你起初可能只会投资一小部分的资金，最初的几个月，他们会按时支付所承诺的收益。你尝到了甜头，觉得这个投资项目看起来很能挣钱，你的信心也随之增加，因而投入更多的钱。当诈骗分子骗取了几百万的数额之后，他们就会停止支付收益，携款逃走。因此，如果有人向你推销超级高的回报率，一定要提高警惕。

第二个特征是骗子们会用各种各样的理由来劝说你，让你立即投资。诈骗分子不希望让你有时间好好考虑这个“投资良机”，当然也不希望你去征求他人的意见。因此，他们会编造各种故事让你觉得这个“投资良机”会稍纵即逝，他们会说他们让你投资的这家公司马上就要公开宣布他们发现了新油田，或者政府马上就要修补这项投资所利用的漏洞。不管是何种理由，他们的目的只有一个，那就是尽快把你的钱骗到手。

第三个特征是刚开始的时候他们会告诉你一个最低投资金额（比如说10万纽币），但是这个数额却可以不断地减少。他们可能跟你说他们找到了另外一个人只能投资最低投资金额的一半，因为得到了特殊的豁免，管理层同意你们两个人各自投资5万纽币凑成一伙。如果5万纽币对你来说还是太多了，他们几天后又会编造别的故事，告诉你可以只投资1万纽币。你的时间拖得越久，诈骗分子会越着急，因为他们也是要吃饭的，所以一旦你把"投资"交给他们，他们就会马上吞掉它。

让人吃惊的是受骗上当的人数竟会如此之多，但那并不是因为他们特别笨，或者特别天真容易上当受骗，而是因为诈骗分子太狡猾精明了，他们设计的骗局十分能令人信服。所以阿斯顿，投资的回报率高一分，你的警惕性就应该相应提高十分。

爱你的

马丁外公

投资信托

亲爱的阿斯顿：

我很想知道你长大以后擅长什么，不过现在谈论这个还为时过早。就目前来说，我只知道你很擅长一件事（那就是你非常能讨你外公的欢心）。我认为我们每个人生来都具有某种天赋，无一例外。那些能够及早发现他们的天赋，并且热衷于上天赐予的天赋的人是非常幸运的，他们可以毫不费力、满心欢喜地将他们的才能发挥到极限。在我 12 岁的时候，我的一位老师说过："天赋越高，从中得到的乐趣也会越多。"虽然我不认为这是真理，但是大多数情况下这却是事实。

我们常常会用到某个人的"选择领域"这个词，如果你选择的领域和你的天赋刚好一致，你将会无所不能。

有些人一辈子都发现不了自己的天赋所在，让其荒废，那真是一个悲剧，还有一些人的天赋很显而易见，但是出于某种原因他们从来没有应用或发展这种天赋，那同样也是一个悲剧。

阿斯顿，你可能会在做生意和理财这两个方面很有天赋。当然，人可以通过学习来掌握投资技术，从技术层面上来说，投资并不是特别困难的事情。但是投资也是一门艺术，一个人是否对投资艺术有特别的天赋，是否对市场、生意和房地产的感觉把握得精准，与是否熟知投资技术就完全是两码事了。或许投资艺术是你必须适应甚至享受用未来的眼光思考问题，因为投资总是与将来息息相关。就拿我来说，在投资时，作出预测，根据预测投入资金，然后观察市场发生怎样的变化最能给我带来乐趣。依据以往的数字来预测未来是有局限性的，而要作出预测，你还需要在掌握信息的基础上作出判断，这种判断能力就是我所说的天赋。当然，你首先需要收集可靠的数据和信息，这是投资的技术，但是你如何解读得到的数据，把它应用于将来就是投资的艺术了。

要培养一种专长是需要天赋和实践的。如果你想在某一个领域获得成功，而碰巧这个领域又是你感兴趣的，那当然最好。即使你只是想要在某个领域达到一般的水平也是需要天赋和实践的，比如说如果你想成为一个一般水准的运动员，或者在你所选的领域达到一般的水平，你都需要下苦功，但是投资却不是这样，这也就是投资和很多其他领域不同的地方。实际上，要成为一个一般水平的高尔夫球员或一般水准的律师可能很困难，但要成为一个一般水平的投资者却非常容易，你只需要参与某一种类型的投资信托就可以了。

要做一个水平一般的投资者并不是一件难事，但是对于有些人来说，仅仅达到一般水平是远远不够的。我们（阿斯顿，我指的是你和我）的目标是要有所作为，不甘于平凡，不管从事什么行业，我们都想要尽最大的努力做到最好。但是对于投资，如果你不甘于平凡，就意味着你不仅要多付出，还要面临相当大的风险。对于投资这个行业，如果你想要超越一般水平，那么很有可能到头来你连一般水平都无法达到。

如果你正在考虑该如何投资，最好的方法就是观察专业人士怎样做。我尤其推荐你了解三种主要的专业信托基金，它们分别是：指数型基金、主动型基金和绝对回报型基金。所有的信托基金都需要把投资者的钱汇集起来，而且服务委托也规定了他们应该选择何种方式来对投资者的基金进行投资。虽然这包含很多细节（比如一种基金可能是价值型投资，另一种可能是成长型投资），但是最主要的区别是它对所跟踪的指数的依赖程度。指数反映的是市场的平均表现，即一个投资组合代表，它是衡量你的投资表现好坏的标准。一个指数是基于一个国家的股市表现的（比如，普尔 500 指数是美国股票市场一个合理的标准），而其他指数可能是一个行业的表现（交通、医疗或房地产）。不论你想要投资什么行业，总会有一个指数可以供你衡量你的投资表现。

在你选择的投资领域，想成为一个水平一般的投资者非常简单：通过指数跟踪来进行投资。这属于被动型基金，它会紧密跟踪特定的指数，让你的投资表现与平均水平一致。有一些基金经理提供完全参考指数来进行投资的基金，这些基金的管理费用非常低，因为投资组合中的投资类型会直接参考指数，不需要人为特意挑选，电脑可以根据指数成分的不断变化而相应地买进和卖出。如果你投资的是指数型基金，那么这个基金的投资收益会非常接近市场的平均收益率。很多人喜欢这种投资方式，这也是比较聪明的做法，因为他们没有什么投资天赋，可能对投资的兴趣也没有那么大，所以他们只要获得一般水平的收益就足够了。

如果你想要获得比一般水平更高一些的收益率，你可以投资主动型的信托基金，这些基金不只是随着指数变化，还会获得比市场平均水平高一些的收益（投资行话把这种额外的收益称为“阿尔法收益”[①]。通常来说，这些基金的经理会紧密跟踪指数，他们中的大多数人都是不同程度的“指数狂人”，但是他们会试图通过购买不属于指数范围内的投资，或者不断调整指数的成分比例的方法来增加额外的投资收益。当然，这对于基金经理来说是有很大风险的，因为他们错误的决定可能会使基金的表现低于指数表现，从而让他们受到指责，当然，这同时也会降低该指数在人们心中的地位，所以很多基金经理都没有勇气偏离指数。想要战胜市场，获得比指数更高的收益就需要寻找时机，而这又会耗费资金，因为主动型信托基金的管理费用比被动型基金要高，这些费用当然会从投资者所获得的投资收益中扣除，从而减少投资收益。有一个研究显示，平均来说，扣除了费用之后，主

---

① 指因风险增高而带来的额外投资收益。——译者注

动型基金的价值并没有增加，也就是说基金经理还没有那么聪明，以至于可以超越市场的平均表现。这样看来投资此类基金是十分冒险的，比较明智的做法是接受市场平均水平的收益，紧密跟踪指数，如此，赚钱的可能性会更高。

第三种基金根本不需要依赖指数，属于只追求绝对回报的基金类型。这样的基金也可以参考指数，但是这种投资给予了基金经理很大的自由，让他们去争取更高的收益，即使该指数正在下跌。通常情况下，如果基金经理认为市场价格肯定会下跌，他们的委托权限允许他们持有客户的资金，暂不用于投资。多数普通的基金经理都需要把资金全部用来投资，但是对于绝对回报型基金，当基金经理判断市场的趋势将会下滑时，他们可以出售投资，把资金存入银行。一些绝对回报型基金经理还可以卖空，在基金经理认定投资行情价格肯定会下跌的情况下，他们会采取这种不留余地的做法。这也就是说，他们出售投资时，是抱着日后能够以低价重新买回，重振旗鼓的想法。不难想象，与其他基金经理相比，这种绝对回报型的基金经理更有可能偏离指数，而这样做的风险就是他们的基金投资会往坏的方向而不是好的方向发展。

不过相对于主动型的信托基金，我还是更倾向于选择这类基金，因为通常这类基金的基金经理都是精英，而这类基金所存在的风险不常发生。基金经理拥有决定资金去向的自由，当他们认为一项投资没有价值时，他们可以把钱全部兑现，而且，这种类型的基金通常会吸引判断比较准确的投资者。

如你所见，管理方法的范围从被动型的指数跟踪延伸到绝对回报型基金，其中还有主动型的信托基金。阿斯顿，你应该知道我不喜欢中庸保守之道，而我认为以上说到的主动型基金的基金经理就比较保守，他们大多数时候都是跟着指数走(因为这样他们才能少受批评)，即使是放手一搏也只会动用很少一部分的资金。这类基金的确非常得不偿失，因为它的涨幅有限，管理费用又很高。要超越指数表现，这类基金的基金经理所投入的精力和承担的风险是远远不够的。

当你考虑要进行何种投资时，你应该考虑到投资系列中一头是主动型的聚焦投资，另一头是被动型投资。你只需要投资适合的指数基金，就可以轻松地让投资的表现达到一般水平。如果你不打算投入大量的时间、心血和经历，千万不要尝试战胜市场，一味追求高收益。我宁愿你选择表现一般的投资，也不希望你以不认真的心态进行投资，最后落得一个失败的下场。

阿斯顿，现在就要作出判断，你是喜欢投资呢，还是觉得投资是一件无聊的琐事？作出你的决定，但不要选择毫无建树的中庸之道。你有两种选择：要不你就投入大量的精力，努力去战胜市场，并且取得成功；不然就心甘情愿接受收益水平一般的投资。我希望你选择前者，并立志成为一个伟大的投资者，但是如果你选择保险的方式，我也不会失望。只有一件事会惹怒你外公，那就是你不可一世地认为你可以不费吹灰之力就战胜市场。你千万不能有这样的想法，要知道很多股民都是没日没夜地盯着股票行情的屏幕，一旦你鲁莽行事，他们就会让你一败涂地。如果你热衷于投资，那么就要充分运用你的才能和智商，但如果不是，那就把你的才能用于你热衷的其他领域，并且乐在其中。

爱你的

马丁外公

投资时机

亲爱的阿斯顿：

我刚读了一遍之前写的几封信，发现我经常提到“好的投资时机”和“坏的投资时机”，我知道我迟早会抽时间给你解释什么是经济行为的季节性、经济繁荣时期、经济萧条和经济泡沫。我是一个严格遵循经济和投资季节性规律的人，虽然这些季节性规律没有春夏秋冬那么分明，但是经济活动确实有自己的一套模式和规律，而没有一种经济情况是恒久不变的。我遵循这些市场季节性规律是因为我认为这是一个积极的投资者必做的功课，毕竟那都是挣钱的良机。

关键就是要把握市场的时机，你应该能够明显地感觉出来我是相信人可以在某种程度上掌握市场时机的，或许更确切地说，人们可以在某一段时间内分辨出市场是廉价的（应该买进）还是昂贵的（应该卖出）。有很多人，而且是心怀好意的人，都认为我们根本不可能掌握市场的时机。这些人的看法是，人们应该在买进之后，不管情形好坏，死都不出售。他们会说如果你试图预测市场的时机，出售的目的是想要在市场低迷的时候再买进来，你注定会失败，错过一些很好的赚钱时机。他们会奉劝道：市场的时机才是关键，而不是预测和掌握市场的时机。

阿斯顿，我能理解他们的观点，要预测短期的市场波动确实很困难，我们不可能预见得到下周、下个月甚至是明年的市场波动。不过，除非你是商人，否则这根本不重要（阿斯顿，等到有一天你长大成人之后，我希望你能向我保证你绝不会成为一个商人）。谁会在乎这些小的波动呢？那些起伏只是由于《六点钟新闻》里某个人不经意的评论造成的。这些都是小事，对于一个真正的投资者来说，这根本左右不了他的决定。阿斯顿，你不可能预测得到短期内的市场涨跌，而我也不认为这值得你去尝试。

大的波动就是另外一回事了。我认为我们可以合理地预测这些大波动，你也应该努力去尝试。这就像季节一样：想知道某一天的天气或许很困难，但是我们可以肯定地说 1 月的天气肯定会比 7 月暖和(阿斯顿,这个说法的前提是你居住在南半球)。

我所说的大波动是繁荣与萧条的交替循环:当市场的价值被抬得很高时会形成泡沫,这个时候你应该退出;而当市场衰退时,你应该买进。不管那些“死都不出售的人”怎么说,我始终认为“低买高卖”的准则是亘古有效的。我认为你不能仅仅因为手头有资金就在经济泡沫时期买进,在那种情况下,你应该静观其变。我也不认为你应该在经济衰退的时候出售,除非你急需钱,实在是万不得已了才出手。(说到这,我认为你应该提前把资金打点好,这样就不会走到万不得已出售那一步,你应该为自己保有可以自如地选择何时出售的能力。)

如果这算是预测市场时机的话,那么我就是在预测市场的时机。这是如何做到的呢?我仅仅是通过估价的方式来进行预测,即我会问自己这些问题:我的收益回报合理吗?或者是因为市场被高估,收入已经显得微不足道了?另一方面,现在市场价格是不是很低,如果我买进,可以从中大赚一笔吗?投资时既会有买进的好时机也会有卖出的时机,你也许不能把握微小的市场波动,但是你肯定可以预测市场的主要走势,从而作出相应的决策。

阿斯顿，在此我要给你提个醒：市场的繁荣可能比人们合理预想的时期还要长一些。在你出售投资之后，投资的价格可能还在往上涨，让一项估价已经过高的投资的收益更上一层楼。大多数的市场参与者不能够分辨出市场是否被严重高估，他们会继续沉醉在市场价格会继续上升的美梦之中，运用各种各样新的估值方法来证明来年的市场价值会再次翻倍的想法是正确的。如果你告诉人们你认为这些投资的价值不会再上涨，所以已经出售投资，他们肯定认为你疯了，或许还会告诉你不应该这样做。当市场达到高峰（或低谷）时，没有人会敲钟提醒我们，因此你不可能精确地预测市场走势。因为这个原因，在市场的繁荣时期，你或许不应该全部出售投资，也不应该在市场低迷的时候把钱一次性全部用来投资。明智的做法是你应该在市场繁荣时逐渐出售投资，拿回收益的同时把一部分钱套出来。同样，在市场低迷时，不要一次性全部买入，应该每隔几个月甚至几年买进一些。

这种逐渐买进和卖出的方法是平均成本法的变形。**平均成本法是投资行话，内容很简单：在较长的时间内逐渐买入以摊平成本，而不是以当天的某一价格一次性把钱投进去。**因为过后来看，那一天的那一价格可能是买入的最佳时机，但也有可能是最糟时机。而平均成本法可以让你的投资免受时机这个因素的影响。

举一个例子，人们出售一家公司，或者兑现他们一生的储蓄后会获得一笔大额资金，他们需要用这笔资金来进行投资，为退休之后的生活提供收入。我认识的很多人都会在咨询投资理财顾问，合计出一个不错的投资方案之后，把这笔钱全部都用来投资。而投资不久之后会出现大规模的经济滑坡，给他们造成巨大的损失。在那个年龄段和人生阶段，像这样的损失不仅仅是一个困扰，那简直就是毁灭性的打击。一生劳动的成果付诸东流了，那笔本来可以让你过上 20 年好日子的钱，最起码是其中一部分的钱，没了，完美的计划（和生活）也会随之消失。

很多人一辈子都没有处理过大笔的金额，我们通常是投资很小的一部分钱，即收入中扣除生活开销之后节余的那一部分钱，加上其他相对小额的现金。当我们的工作生涯结束，想要退休时，会出售手头的公司和可以产生财富的投资，这样我们就拥有了一大笔资金，而这笔资金的投资将会决定接下来的 20 年过的是富日子还是穷日子。但是我们并没有或几乎没有投资大笔金额的经验。很多人认为他们的做法是正确的，因为他们是在征求了意见之后才作出的决定。不过问题是投资理财顾问给出的建议可能是受佣金报酬制度的驱使，迫使他们催促客户立即下手，因为投资理财顾问只有在客户投资之后才能获得提成，如果让客户逐渐把钱投入市场的话，他们的奖金就泡汤了。很多人损失惨重的原因是他们以为他们必须要一次性把钱全部投入投资。

平均成本法的做法是在几年时间内把钱逐渐投入市场。根据市场的状况，我通常会让客户每个季度投资一定量的金额，在三到四年内把钱全部投入市场。如果出现投资的好时机（比如经济滑坡），我可能会建议客户缩短周期，如果出现投资时机不理想（比如牛市转变为经济泡沫的时期），我会建议延长周期。我从不会精确地遵循设计好的资产分配方案和时间期限来进行投资，我是一个比较灵活的人，善于抓住时机，我会大致按照计划行事，但绝不会按部就班。

不管处于何种经济情况，投资周期有多长，我都会使用平均成本法，不管是购买外汇时，卖出或买进某项投资时，还是把资金从一种投资类型转到另外一种类型时。有时候对于短期的投资我也会运用平均成本法（比如当我几个星期前买进一家我看好的公司的股票时），有时候会用于长期投资（比如说如果一位客户因为出售公司获得了一大笔钱，我会建议他在 4 年左右的时间里把钱逐渐投入投资市场）。

平均成本法阻止了那些“倒霉”时刻的出现，“倒霉”时刻是指当你把钱用于一项投资后不久市场崩溃了，或者是当你出售一项投资后的第二天发现这项投资的价格突飞猛涨。平均成本法可以让你不受时机的影响，不需要把市场在较短时期内的变化莫测列入考虑范围。阿斯顿，我一直都鼓励你在市场价格低廉的时候买入，在价格升高时卖出，同时你还要警惕市场有时候会不按常理出牌，每当这种时候，你就应该小心谨慎，逐渐购买或出售投资。

爱你的

马丁外公

诚　实

亲爱的阿斯顿：

对别人诚实相对来说比较容易，但是对自己诚实就难多了。社会对于欺骗别人的人会进行各种苛评，如果最后欺骗行为情节严重的话，还会有警察介入，并对欺诈者进行刑事起诉。即使是比较轻度的欺骗也会给你带来不愉快，因此我们大多数人都试图做一个对他人诚实直率的人。但是，对自己诚实更加困难，因为除了你之外，没人知道你正在自欺欺人，没有人会骂你是“骗子”，也不会有人因此而报警。我们很多人都善于隐藏自己的口是心非，不仅仅是对别人隐瞒，同时也对自己隐瞒，因为我们会想出各种理由来扭曲事实，硬要自己相信我们内心深处的认知是错的。

这和投资有什么关系呢？凭我的经验来看，最好的投资者都具有正直的品质。现在，很多人都把“诚实”和“正直”混为一谈，但是严格来说这是不正确的（诚实只是正直的一个方面），不过现在我们没必要细分。最好的投资者会对自己诚实，坚守自己的准则。好的投资者做事的方法是有系统性的，也就是说他们的投资思想和行为是连贯的，这些思想和行为是整体的一部分，而这个整体内部的连贯性会主导他们的思想乃至行为。这也就赋予了他们一系列的品质，这些品质对一个投资者来说是非常有用的，它们是：有明确的目标、有自己的投资哲学和自己的投资方法。自己的一套投资方法可以让投资者在投资时产生一种强烈的信念，这种信念是持续存在的，并且可以保持投资者投资行为的连贯性，使他们不受其他投资行为的干扰。

好的投资者会坚持自己的想法，不会过度地受他人影响。这并不是说他们非常顽固或死板，我知道顽固或死板的人是什么样的：他们都是不见棺材不落泪的人，有时候即使见到棺材了也不会落泪。我从不认为这种不会变通的态度是特别值得敬佩的个性品质，事实上我认为，在明知行不通的情况下还不改变策略的行为是极其危险的，这样的连贯性就显得过分了。

但是不管怎么说，对于各行各业的人来说，拥有一套自己尊崇的信仰和哲学，并用其指导自己的行为是非常重要的。在投资领域，有多种多样的观点和做事风格，不同的观点和做事风格可以创造不同的投资收益。有些观点是在成熟的想法和经验的基础上形成的，而其他那些观点的采用仅仅是因为它们看起来比较容易，或者是因为投资者运用了某一种投资方法后首次获得了成功。当成功来得过于迅速和容易时，一定要谨慎，因为它有可能仅仅是新手的好运。很多人的投资做法千奇百怪，因为他们从一开始就是那样做的，而且那种方法也让他们赚了一笔，所以尽管那种方法不会长期有效，他们却非常满足于此方法早期带来的盈利，因而也形成了长期使用那种方法的习惯。举个例子，就拿那些只投资房地产的人来说，或许因为市场时机的缘故让他们交了好运，一开始就赚了个盆满钵满，自此之后他们就只投资房地产。不管你拿出多少可以证明股票有高收益或者多样化经营是非常必要的证据，也不能动摇他们根深蒂固的习惯。

我自己的投资哲学，或者你可以说投资风格，来自理财投资基本主义者的经验，这是一个过时的名词，或许形

容我是一个价值投资者更恰当。不管怎样，我喜欢"基本主义者"这个名词，因为当我要为一项投资作抉择时，我很注重投资理财的基本原则，尤其是投资收益。我不作"技术分析"，也就是说我不依靠图表和数据来决定是否投资。我对"势头投资"也没有兴趣，势头投资是指购买前几个月收益良好的投资，这样投资者可以跟风追逐那个投资势头，趁机赚一笔。我的投资风格不仅限于一种投资类型，很多投资者会只投资房地产或债券，而对于我来说，只要是理财基本准则里罗列的项目我都有可能会投资。

这些信中经常谈到的话题是好的投资者希望从他们的投资中获得收入，不管那份收入是来自公司利润、房地产租金还是银行存款和债券利息。事实上，想要获得收入的欲望才是投资者的重要特征，其他的一切都只是投机的变形。我喜欢能带来好的收入类型(现金)的投资项目;我喜欢稳定的收入增长前景;不管行情是好是坏，我想要我的投资项目产生源源不断的收入;我还希望投资在购买的当时就能创造收入(毕竟到手的钞票比预期的收入更可靠)。作为一个基本主义者，我衡量一个投资项目的重要准则是看它可以给我带来多少收入，我希望投入的每一分资金都能给我带来尽可能高的收入。

对投资收入无止境的追求就是我的投资风格。这个观点非常简单，同时它也是所有投资的根本。不过，很多人过于注重表格、图表或者贵重金属和其他的估价方法，忽略了这个观点，而我认为这个观点才是投资的基础。**当我要购买某一项投资时，我会审视投资收入的金额和类型，因为我可以根据它来判断现在是购买的好时机还是坏时机，以及我需要投入多少资金。**当然，市场也会有异常的时候，那时的价值会与根据收入算出的合理价值严重不符。在经济繁荣时期，投资价格可能会被抬得非常高，这样一来，相对于支付的价格，收入就显得微不足道了。

这个时候你应该提醒自己你的投资风格是什么，同时退出市场静观其变。你一定要诚实地面对自己，在经济繁荣时退出市场不是一件容易的事，看到别人都在挣钱而你却在市场外徘徊是非常不容易做到的。但是，如果价格如此之高，从中也挣不到钱的话，你就非那样做不可了。如果你有正直的品质，并且遵循自己既定的投资哲学和风格，那你就应该知道这时候不可以参与市场。根据你自己的衡量标准，你可能已经知道市场被高估了，但是要放弃这看似欣欣向荣的市场就需要你诚实地面对自己，发挥正直的品质，知道自己在做什么，并且坚持自己的原则。你不能犯错，你可能已经知道市场被高估了，而且知道市场价值迟早会恢复到合理的范围，但是这个过程可能会耗时很长，这时的你需要有一颗坚强的心才能从市场抽身。

举一个很好的例子，2000 年中期全球住宅房地产业非常繁荣，但这个繁荣很快就转变成了经济泡沫。那时的房地产价格高得离谱，人们购买的房产大约只能赚取1%～2%的租房收益。收益如此之低，人们投资房地产不再是为了赚取租金收入，而是抱着房地产价格会升高的期望进行投机。我没有参与其中，什么都没买，因为我是一个投资者，不是投机者，那时候的市场并没有投资者所追求的价值。这种繁荣比合理预期的时间多持续了大约 3 年。我在研讨会和媒体上曾讲过，这是经济泡沫，这个泡沫迟早会破灭，不过市场还是一如既往的繁荣，甚至有只增不减的趋势。当泡沫真的破灭时，一片狼藉，市场价值急剧下滑，人们的美好生活也毁于一旦。

成为一个基本主义投资者的关键是，虽然你可能无法正确地掌握时机，但是你可以弄清价值的多少。资产总是会恢复到其真正的价值，这个价值是根据资产所带来的收入来衡量的。市场的估价会有偏差（可能会过高或过低），不过价格总会恢复到合理的水平，真实体现投资可以带来多少收入。如果你在经济状况看似前景一片大好的时候选择出售投资，或者经济萧条的时候选择购买投资，人们可能会笑话你，但是如果你知道自己在做什么，并坚持自己的原则，你就能作出正确的决定。

阿斯顿，你要做一个真正的投资者，忠于自己的投资准则和自己。不要理会那些表格和图表，或者听信别人给你兜售的技术分析、势头投资、商贸、投机以及其他各种“新潮的”体系和方法。你的目标要简单明确：有价值的时候买入，没价值的时候就出售。在纸上写下你的投资准则，并且忠于自己的想法，严格遵守该准则。

爱你的

马丁外公

第三部分

....市场的规律和模式....

起起落落

亲爱的阿斯顿：

我只有一次是因为钱而失眠。那是1987年10月19日的晚上，后来那天被称为“黑色星期一”，收音机里播放了全球股市以自由落体速度下跌的新闻。我的经济状况无法承受这样的打击，我当时35岁，生意已经在前年出售，提早进入了半退休状态（但我认为那是好事）。我的计划是要写一本书，出席一些研讨会，好好管理我的股票组合和出租的房产。当我听到广播里的新闻时，我立即意识到我的半退休生活很有可能不保，毕竟我迈入半退休的时间过早，这件事可能没有我当初预想的那么美好。

在1986年，市场行情看起来非常乐观。市场价值急速上涨，这种好势头明显会继续发展下去，没有止境，因为 80 年代中期是一个非理性繁荣时期（虽然这个名词是那之后的 10 年才被创造，是用来描述 90 年代末期的情形，但是用它来形容 80 年代中期的状况一样恰当）。我那时天真地相信市场只会往好的方向发展，如果有人提醒说市场会衰退，我们就会告诉他“这个时期不同于以往”，因为所有的衰退和熊市都不复存在了。并不是只有我一个人有这种想法，在当时每个人都是这么认为的，每当经济和市场繁荣的时候，这样的想法就会涌现出来。

那天我整夜未眠，我知道自己正在面临财政危机。我所有的收入都来自投资市场，或者说完全依赖于投资市场，如果股票和房地产市场不景气，理财投资的研讨会也不会有人参加，我写的书也卖不出去（会不会出版还是个问题）。几个月以前，因为离婚我的前妻分走了一半的财产，而现在这个股市崩盘将要从我所剩的财产中挖走很大一部分。最糟糕的是，从理财投资的角度来说，我的很多股票是通过负债购买的。每一项我赖以生存的收入来源马上就要被中断了。

大约凌晨 4 点的时候，我制订了一个计划。有两件事我很肯定：首先，投资市场已经发生了变化，虽然当时仍然有人坚信市场会只升不降，认为当时面临的股市崩盘只是市场暂时的调整，但是我肯定市场价值大跌的状况将会持续很长一段时间。其次，虽然长期来看市场的趋势会出现暴跌，但是肯定会出现“死猫反弹”（试想，从高处往下扔东西，即使是扔一只死猫，如果高度足够的话，肯定会出现反弹）。我知道我必须利用这个“死猫反弹”的机会脱身。我写下按最坏情况分析得出的股市价格，算出如果卖出价与这个价格相同或比之高出少许，我就能够偿还所有的债务，并存活下来（刚好能存活）。我又考虑过段时间我应该怎么做，但首先我要做的当然是尽可能抛售。

接下来的几天里，股市出现了些许回升，这是必然的，我趁机抛售了股票。在当时的情况下，我卖出的价格算是相当不错了，虽然我至今还记得当时的想法是“以这个价格出售这些股票跟白送一样”。后来我还清了债务，虽然最后所剩无几，但是好在没有倾家荡产，还能保有一点尊严。

现在回想起来，我认为虽然当时我很天真，也不聪明，但是我妥善地处理了这件事情。我本来很有可能和那些人一样，认为这只是一个“暂时的调整”，坚持不抛售的。不知道为什么，我就是能识别出那个时期的市场发生了本质的变化（我真的不知道为什么会有这个想法），但是我非常高兴我嗅出了变化，要知道有些股票用了20年的时间才恢复到其原来的价值！

从1987年的股市崩盘中我学到了很多。我天性乐观，凡事喜欢往好的方面想，但那次的股市崩盘减少了这种乐观。我学到，股市也有熊市，那非常可怕，当股市崩盘时，会造成很大的伤害。20年来，我一直铭记这个教训，终生难忘。这对我的顾问工作和投资活动大有帮助，使我不再盲目乐观，对于经济和投资的分析也更加客观和冷静。“第一笔投资收益始终应该是资本的回收”，这是一个古老的投资说法，也是我经过惨痛教训才学到的。1987年崩盘之前，我的确犯了一些错误：我过于乐观，负债经营的数额也过高（也就是借款太多）。但是阿斯顿，我从错误中吸取了教训，我希望你能对此给予认可。

回顾往事，我想知道当初为什么那么确定股票和房地产价格只会升高不会下降，尽管人们一直在提醒我“小心”，就连我父亲也对20世纪80年代中期的疯狂牛市产生了质疑。我的父亲（你不可能见到了）非常不擅长投资，据他自己承认，在他把钱交给一家专业公司，让他们帮他投资之后，情况才开始好转。但是我父亲却知道，20世纪80年代的股票行情好得太不正常了，因为他小时候曾经历过大萧条，所以知道这是大灾难的前兆。他总说以后我们会再次经历经济萧条，要我们时刻做好准备。20世纪30年代的时候，父亲的生活非常艰难，他的父亲在1929年就过世了，当然，那时也没有社会福利提供帮助。为了养家糊口他吃了很多苦，能从医学院毕业也是历尽千辛万苦，这些经历在父亲的心里留下了一道很深的永久性伤疤，使得他对钱的管理非常保守。20世纪80年代，对于我的投资活动，他给过我警告，不过都被我理所当然地忽略掉了，因为年轻人总是很无知(且自大)，而我当时还是个年轻人。

还有其他人在牛市的时候给过投资者警告，但是，我们都认为他们是一群老家伙，并不了解“新形势”。和其他很多人一样，我认为萧条离我们很遥远，那些愚蠢的老家伙要么就跟上年轻人的步伐，要么就不要挡路。当然，时间证明他们和我那个不是专家的父亲是正确的。

我父亲对大萧条的谈论从未终止过，他直到80岁还在省钱(甚至是攒钱)。虽然他是一个非常慷慨的人，但是非常讨厌浪费，钱也是到万不得已的时候才用。他总说以后还会有经济萧条，他不会让家人像上次一样受苦。我父亲的一些大萧条思想对我产生了潜移默化的影响，加上我自己在 1987 年的经历，让我深刻理解了经济繁荣和经济萧条交替循环中的"萧条"这一环节。这并不是说我将抗拒风险，而是说我会更加谨慎地选择是否冒险，冒多大的险，不会再沉溺于经济繁荣和经济泡沫之中。我所受的教训代价不算大，要知道 1987 年的崩盘与 30 年代的大萧条造成的破坏程度相比算轻的了，我只是失去了一晚的睡眠，但我父亲却失去了美好的青春。

我懂得了市场有起有落的道理。尽管我受到的惩罚并不算重，我还是想提出一个问题，那就是人为什么一定要等犯了错之后才知道自己做错了。你应该猜到当时有那么多人给我们提醒，我们肯定收到了股市会下跌的警告。那么为什么人们还是要一次又一次地重复同样的错误呢？阿斯顿，你会汲取我的经验吗？或者你也要等到自己犯错之后才会吸取教训？

我现在还不知道你会怎么做。大多数人似乎需要亲身经历过才能牢记教训，别人的教训并不能引起他们的重视。这好像是个真理。举个例子，1914 年至 1918 年期间的第一次世界大战被称为最后的战争，但是仅仅过了20年，战争又爆发了，几百万人因此而丧生。经济循环是从繁荣到萧条，再从萧条到繁荣，这是必然的规律，但当我们处于繁荣时期时，没有人相信之后还会有衰退时期，而当我们处于萧条时期时，没有人认为经济状况会有好转。

所有的经济状况都是短暂的。在我居住的山里，冬天会冷，夏天会热，冬天来临时，我要盖好几床羊毛被，把暖气调高，那个时候我根本不敢想象自己在夏天的时候仅穿一条短裤和一件T恤的情景；而在夏天的几个月里，火炉和暖气根本用不上。繁荣和萧条也是一样的，当身处繁荣时期时，很难想象萧条时期会来临，反之亦然。

我们不能精确地预测市场的走势，因此，当有人高呼繁荣时期将要结束，而几个星期后萧条仍未出现时，人们会指责那些人。我自己也曾遭遇过抨击：21世纪初，我不止一次地说房地产价值被高估了，之后价格肯定会大跌。不过那些从房地产获利的人（如房地产中介等）不喜欢这样的评论，所以当市场没有立即下跌时，我受到了抨击。接下来的两到三年，我一直在重复市场被高估了的话，我并不能够把时机掌握得刚刚好，但是我知道那个时候并不适合购置房产。等到2007年房产价格终于下跌时，情景惨不忍睹，很多人都遭遇了不同程度的财产损失。

阿斯顿，市场的起起落落是很正常的，就像冬天过后会有夏天一样。我愿意相信你不会像别人一样，需要撞到南墙才回头。我希望你有足够的智慧，多研究历史，从中学到一条规律，那就是没有什么事物是恒久不变的，经济鼎盛的时期过后肯定会有萧条，或衰退。在繁荣时期，我希望你能为萧条时期做好心理准备，而在萧条时期，能够准备好迎接即将来临的繁盛时期。如果你知道自己处于经济循环中的哪一个环节，你就能妥善安排好事务，并从中获利。

我后面会详细写到如何辨别经济繁荣和萧条，如何做好从中盈利的准备。

爱你的

马丁外公

经济衰退

亲爱的阿斯顿：

我第一次见PJ是在2002年，我知道他肯定有一个正式的名字，但是我怀疑可能连他妈妈都不记得他的大名了，因为每个人都叫他PJ。PJ是一个股票分析师，我们对于经济状况和攀岩的看法一致，所以第一次见面之后就成了朋友。PJ是一个价值投资者，他严格遵照理财投资要求自创了一套投资模式，而这套投资模式指导着他的投资行为。

当我第一次见PJ的时候，他没持有任何股票。他的投资模式显示，1999年所有的股票价值都被高估了，因此他卖光了所有的股票，自那年之后也没有再买进。他非常有耐心，一直等到价值重新体现的时候才再买进。

当我们深入谈论这个话题时，我非常清楚地记得他当时的话："我现在是48岁，在余下的日子里，我可能还会再享有一次更加严重的崩盘机会。"

你听到了吗，阿斯顿，"机会"和"享有"这类词是不常用于形容经济衰退和崩盘的，但那就是PJ的观点，而他的这个观点是正确的。

有人告诉我，中文里的"危机"和"机会"的含义有时候是类似的，我不知道这是真是假，但是不管怎样，这个观点非常有意思，因为每一个机会中确实存在着危机，而和其他的危机一样，财政危机会给人们带来巨大的投资收益机会。事实上，我认为最好的投资购买机会并不是在经济的春天，而是当经济衰退的冷风吹过市场的时候。PJ认识到了这一点，我也希望你能够看到这一点。

经济衰退时期是财富转移最严重的时期，在这期间变得富有的人往往是那些目标明确，并且能够忽略市场负面噪音的人，而损失财富的往往是那些退出市场的人，不论他们的退出是出于恐惧还是走投无路。应对经济衰退是一种精神上的较量，你需要认识到经济滑坡是确实存在并且有风险的，但是不能让这种认识麻痹你的思想，让你担惊受怕。一方面经济衰退会让很多人痛苦，但是另一方面这是一个投资“大甩卖”的机会，就像商家每个季末会低价清仓一样。

每次这种机会来临的时候，我都会对自己高唱我的投资颂歌“低买高卖”，就连刷牙都是伴随着颂歌的节奏（这是玩笑话，阿斯顿，我只是在一定程度上对金钱和投资着迷）。对我来说，低买高卖是投资最重要的方面之一。沃伦·巴菲特（在我的年代，他是世界顶级的投资者，毫无疑问，在你的年代肯定会有一位新的大师级人物出现）说过类似的话：他喜欢在别人贪婪的时候卖出，在别人恐惧的时候买入。中心思想是最优秀的投资者都是逆向投资者，他们总是与众人逆向而行。

这个思想虽然很简单，但是要付诸实践却并不那么容易。我认为，如果你告诉任何人（不管他们是不是理财投资专家）应该低买高卖，他们都会点头赞成，而且会说：没错，低价的时候买进，在市场繁荣，也就是高价的时候卖出这种做法是正确的。但是他们这么做了吗？没有，几乎没有人会这么做。

为什么人们不遵守这条常识性的规则呢？原因很简单：我们大多数人很难做到逆潮流而动。在经济衰退时期，经济学学者、银行家和投资理财评论员都集体叫嚣着情况是多么悲观啊！媒体对此类消息的报道铺天盖地，包括失业率、破产、企业亏损等所有能够抓住眼球的头条。乍一看，整个世界看起来糟糕得一发不可收拾。资产价格(尤其是股票和房地产)都在下跌，如果你相信媒体的说法，你会认为市场永远也不会好转。

我经历过几次这样的衰退，我自己也会写那样的头条("失业率12年来最高"、"今年经济呈现负增长"、"工厂倒闭，1 200人失业"、"总理让大家不要惊慌")。每一次经济衰退的时候这些头条都可以重复使用(我怀疑有些新闻编辑就是那样做的)。新闻媒体的报道比较有选择性，它们通常不会传递全部的事实，而只把功夫集中在制作抢眼的头条上，为的是大肆渲染事实真相。它们传播了太多的悲观数据和负面报道，使得市场弥漫着这类信息，甚至连聪明的投资者也会感到彻底的失望。

在经济衰退的时候，一个聪明的投资者的感觉可能不会乐观，但是这种情况下，最重要的其实是智者的想法。当你经历经济周期中的暴涨和暴跌的时候，你应该依赖思考而不是感觉，但是大多数人投资时都受情绪波动的影响。投资中最主要的情绪是贪婪(当市场繁荣的时候)和恐惧(当市场萧条的时候)，聪明的投资者会战胜这些感觉。我同意这并不容易做到，我们很多人都是依据本能来作出反应，跟随大众的步伐。人的本能是害怕的时候想要逃开，贪婪的时候想要多吃，而要与媒体的观点逆向而行需要理智的思考和自制力。阿斯顿，这就像攀岩一样，攀登垂直岩壁的其中一个乐趣是战胜恐惧和惊慌，然后镇定冷静地走对每一步。攀岩者从来都不是战胜某一块地方，他们战胜的是自己。

经济衰退可以衍生很多良机。当其他人恐惧时就意味着你可以以半价或更低的价格买入资产。从我的经验看，卖主主要分为两类：一类是被迫出售的人，这些人都是在估计投资期限的时候犯了严重的错误，在我看来这是致命错误，我在后面会多加解释。股票和房地产这两种投资都应该在拥有 10 年投资期限的时候购买，但是有时候人们会用他们的短期资金进行此类投资。这一类人中的另外一些人是因为他们在别处的财政安排出了问题，急需用钱而被迫出售(可能因为生意不好或者他们要缴纳的税超出了预期的范围)。第二类是因为恐惧而出售的人。通常来说，经验不足的投资者因为从来没有经历过经济交替循环中的萧条阶段，所以他们的表现就像受到车灯惊吓的兔子。这类人属于惊慌型(或者仅属于厌烦型)，他们的出售往往伴随着亏损。

虽然“低买高卖”写起来或者说起来很轻松，但要付诸行动却很难，很多人的做法都与这个原则背道而驰。当你安排投资事宜时，应该抱着经济衰退随时都可能来临的想法，并在心理和财务上时刻做好应对突发状况的准备，以便处理经济衰退所带来的困难或机会。

阿斯顿，我鼓励你成为一个逆向投资者，不要跟风，要做别人不做的事，尤其是要在经济衰退时寻找便宜的好买卖，也就是说在那个时候你手头要有现金(很明显，如果你没有钱是无法把握住这种机会的)。经济繁荣的时候你可能会全部出售资产，或者最起码你不会再买进资产，不论你怎么做，你都需要为在经济衰退来临的时候买入资产做好准备。当然，最理想的情况是在经济顶峰的时候全部卖出，就像 PJ 那样，之后持有资金静候几个月(甚至是几年)，等到经济衰退，价钱再次下滑的时候再买进。这听起来很简单，但其实不然，繁荣时期要不就比预期的长，要不就是提前结束，让你手足无措。你所能希冀的最好状况是出售一部分资产或停止买入，来为自己准备购入好买卖的资金。你外婆说成为一个逆向投资者就相当于等到节礼日才购置所需物品，而不是在圣诞节前置办好。[1] 当然，如果你把所有的东西都留到圣诞节后购买，圣诞节那天你就会成为朋友眼中的坏家伙。不过你可以在圣诞节前购买最基本的必需品，而尽可能把要购置的其余物品推到节礼日。

更多的投资经验之谈有："能够刚好在价格跌到最低的时候买入的人只有一个"和"价格跌到最低的时候不会有人敲钟提醒"。这两句的意思其实都是一样的，那就是人们不可能精确地预测市场时机。只有在事情发生过后我们才会知道市场价格的最低点是多少，所以我劝你连尝试预测市场时机的念头都不要有。我认为，你不要试图寻找市场价格的最低点，而是要寻找价值。价值(投资成本投入后可以产生的收入)在市场萧条的时候会出现。有可能在你发现和购买后，所购买的资产价格继续下降(也就是会产生更多的价值)。你可以决定多买进这种投资，但是如果你之前购买的已经足够，要心满意足地认为自己做了一笔好买卖，不要再去想这些买卖原本可以更便宜，因为我们不可能预测得到，只有在事后才会了解。

---

① 节礼日是西方圣诞节翌日，通常那天商品都有折扣，而圣诞节的传统是在圣诞节前或当日给朋友和家人送礼物。这其实就相当于春节过后才置办年货的做法。——译者注

在某种程度上，你也可以用平均成本法，也就是在一段时间内逐渐把资金投入市场。虽然在价格暴跌的最低点没有人会提醒你，你的一部分股票还是能够接近最低点。尽管你的一些投资在你购买之后的初期价格可能会下降少许，但是只要每一笔买卖都有好价值，你就能获得丰厚的收益。

当市场急剧下滑或波动性非常高时要格外谨慎，这在经济衰退或经济混乱时很常见。看来我又要给你多加一条经验之谈，那就是“当刀子在做自由落体运动时，不要试图抓住它”。你必须等到市场稳定下来，波动性趋于平缓，大致的价格已经形成之后才能做进一步打算。人们总是忍不住想要尽快步入市场。当市场急剧下滑时，通常都会出现“死猫反弹”的现象。有时候我们把这些市场中在大跌前的小幅上涨称为“回升障眼法”。这样的情形我经历过很多次，毫无疑问你以后也会经历几次。当刀子在下落时，不要碰它，让它继续下落，等到它落在地上不动时再把它捡起来。

说到这，我想要强调：当那个必然的反弹出现时，你要保证你仍持有市场中的股票。我刚刚研究了每次市场跌到低谷之后的 12 个月的数据，发现此期间的收益率非常高。经济衰退中的反弹产生的收益率平均能达到大概40％，显然你也希望能从中分一杯羹。你应该知道股票市场反弹通常会比经济恢复早 4 到 6 个月的时间，也就是说反弹会在经济形势扭转和复苏之前发生。

阿斯顿，在经济衰退的时期，你需要的是勇气而不是傻气。这当然是一个让你的资产增加的时期，但你也不要贪婪。反弹出现时，你不可能刚好获得 40％的回报率。最重要的是要勇敢地自己做主，当然你需要倾听别人的意见，观察别人的做法，但是最终的决定还是要靠自己。经济衰退时期是最有意思（并且收益最大）的时期，希望你能好好把握住这样的机会。

爱你的

马丁外公

识别泡沫

亲爱的阿斯顿：

在我看来，2000 年的网络股崩盘以及 2008 年的信贷紧缩和经济衰退并没有那么糟糕，在我的客户看来也没有那么糟，因为我早就已经让我的大部分客户采取保守的投资方法，也不让他们在注定要破灭的泡沫时期进行投资。

20 世纪 90 年代末的网络股热潮和 21 世纪初的房地产繁荣都是泡沫，就像任何一个泡沫一样，它们对于投资者具有很大的诱惑力，但是因为缺乏实质，所以很容易破灭。20 世纪 90 年代，高科技股票卖得红红火火，但我并没有投资很多，只是在网络股泡沫破灭之后，购买了一些谷歌的股票（并从中赚了一些钱），但是对于网络股热潮，我从来都不感兴趣。从一开始，我就认为这个泡沫是非常容易识别的，因为大多数出售的“公司”都是虚有其表，没有实质的东西（我特意用引号把公司这两个字引起来是因为在 20 世纪 90 年代末，那些所谓的公司的股票就悬浮于股市上空，但它们却不是真正意义上的公司）。

通俗意义上的公司是指那些拥有资产、销售和收入的公司。而在网络股泡沫时期，那些我见过的所谓的首次公开募股集资（简称 IPO）只展示一份商业计划书，没有资产，没有销售，也没有实质的商业行为，仅仅是一个写在纸上的想法。他们通常的做法是：有人会想出一个高科技方面的点子，接下来根据这个想法写出一份商业计划书，然后出售股票，募集资金，实行计划书的内容。有一些这样的首次公开募股集资会开出高价募集资金，上市的时候股价又会翻倍。没有任何合理的价值，价格又如此离谱，那些参与首次公开募股集资的雇员竟然能够保持面色如常，这真是一个奇迹。公司和投资资产的价值是通过收入来衡量的，一直以来都是如此，以后也不会改变。那些几乎没有收入的公司（或者像网络股热潮中没有任何收入的公司）竟然能够出售股票，这就是泡沫形成最显而易见的征兆。

有些人（各类高科技公司里的股票经纪人和创办人）会用各种各样的方法来为那些离谱的价格辩护。我不得不承认我非常佩服他们的想象力（直到现在也是如此），竟然可以想出那么多的说辞来解释一个在一周之内就损失了几百万的公司，它的股票为什么值那么多钱。这些公司烧钱的速度堪比闪电，也没有任何盈利性的买卖。但是创办人和经纪人会告诉大家“这次和以往不同，现在是特殊时期”，然后想出各种各样新的估价方法来证明这个观点。他们声称公司的价值应该以一个网站的浏览率来衡量，他们会用任意一个数字、比例或比率来证明一个天价的合理性，唯独不提最关键的一点——收益率。他们当然不会根据收益率来设定股价，因为这些公司根本就没有收益。

很多股票的创办人都变成了大富翁，而强有力的佣金方式也激励着投资银行家和股票经纪人，因为他们一旦卖出他们的首次公开募股集资就会获得巨额的佣金和费用。拥有那个网络方面的想法并且利用这个想法来募集资金的人也会变得非常富有，但是通常他们的财富都是名义上的，也就是说，他们拥有他们所推广的公司的大多数股份，随着股价的膨胀，他们的财富也会增加。但是，当网络热潮变成网络炸弹时，他们的财富会随之直线下降。这些公司的经理收入都很高，他们的收入是由现金和认股权这两种激励方式组成的。同样，这些认股权也只是在名义上让那些经理变得富有，因为很多这种股票最后都被证实是没有价值的。

我认为过高的薪酬是泡沫的一个征兆。巨额（比普通员工工资高出很多倍）的薪酬和挥霍性消费都预示着经济体系的失衡。如果有人无法把公司运营成功，却能获得 6 000 万纽币的高额解雇金，你要知道这是很有问题的。

显然，网络股热潮是一个泡沫，对这一点我始终保持清醒的认识。泡沫形成最显而易见的征兆是没有任何盈利的商业活动。如果有人对你说"这次和以往不同，现在是特殊时期"，你要保持怀疑的态度。在我看来，那句话只能说明一个问题：是时候退出市场了。我认为，那些声称"这次和以往不同"的人是想要掩盖其中没有任何收入价值产生的事实，或者想要大肆宣扬市场没有下滑的风险，市场绝不会下跌的观点。我们知道投资一定要能产生收入（或者有产生收入的前景），我们还知道市场可能会下跌，也的确会下跌，那些宣扬相反观点的人不是骗子就是第一次购买这种被大肆宣传的股票的新手(有时候可能两点兼有)。在以后的日子里你还有可能会不时地听到“这次和以往不同,现在是特殊时期”的说辞,只要你听到这句话,一定要躲得越远越好,也就是退出市场,逃到安全的地方。

20 世纪初的房地产繁荣与网络股热潮有一些相似之处。那次的房地产繁荣并不仅限于一个国家,美国、英国、西班牙、爱尔兰、中国、澳大利亚和新西兰都出现了繁荣。所有泡沫的起因,或者说催化剂都是贷款太容易,那次的繁荣也是如此。中国有生产廉价商品的能力(由于低廉的工资和完善的生产工厂),所以通货膨胀率保持在较低的水平,这让世界范围内的中央银行可以提供低利率。人们很愿意通过贷款来买房,或者通过低价抵押房子来购买消费品(电子产品、家用物品等)。批准贷款变成一种盈利很高的行为,尤其在美国。就如我们常常会在繁荣时期看到的那样,肯定有某种交易可以获得很高的利润,比如这次的贷款出售,成批的经纪人巴不得能有机会借钱给你。有一些这样的贷款是“重置”贷款,也就是刚开始的时候它们的利息非常低(大概是 2%),但是过了几年之后,利息会重置,调整到市场的同等水平(大

概是5%)。其他的那些贷款是无抵押无担保贷款，也就是为没有收入和资产的人提供的贷款，这类贷款是注定要失败的。

当所有的按揭贷款被批准后，银行和其他借贷方会把这批贷款打包出售给投资银行、保险公司或者对冲基金。因为贷款是打包出售，所以对于借贷方来说收益和利润是非常可观的，他们会告诉买主这些贷款的风险性很低，因为毕竟它们都有贷款人的房子做抵押，而我们知道房地产的价值从来不会大幅下跌，不是吗？

越来越多的信贷机构贷款给无法负担的人，而随着贷款越来越容易，房地产的价值也被抬高到天价。那些出售贷款给私房业主(不管是贷款买房还是贷款购买消费品，根本没人理会他们贷款的目的)的人获得了巨额利润，而另外那些把贷款打包出售的人赚取了更多的利润。业主也非常高兴，因为他们的房产价值日益升高，他们能依靠房屋抵押借更多的钱来购买东西。

这种疯狂的行为肯定会出问题，而事实证明的确如此。房地产价值的变化(很难说最初的导火索是什么)让房价纷纷下跌，“次级”贷款也随即面临危机。对于借贷方，因为成千上万的贷款人无法偿还贷款，所有的打包贷款开始从盈利转变为亏损。虽然打包贷款最初的宣传口号是安全性（“这次和以往不同，因为我们的理财投资计划是毫无风险的”），但是房产价值还是持续下跌。没有人知道哪个贷款是哪个银行批的，银行也停止了发放贷款。这造成了“信贷紧缩”，随即出现了全球范围的严重经济危机。

我已经简单（虽然没有那么详细）地为你描述了20世纪90年代（网络股）和20世纪初（次级信贷）的繁荣和萧条，目的是希望你能够从中找出相似之处。你也可以观察其他时期的繁荣和萧条，如20世纪20年代的繁荣或荷兰17世纪的郁金香狂热，在荷兰的郁金香热时期，一个郁金香球根的价格竟然相当于一个商人一年工资的20倍。那两次繁荣我都没有经历过（阿斯顿，你可能会认为我很老，但是我还不至于那么老），不过我非常确定那两次繁荣至少会具备几个经济泡沫的特征。我把这些特征在下面列出来，希望下次出现经济泡沫的时候你能够辨别出来，并且知道泡沫迟早都会破灭。这些特征包括：

1. 投资资产的收益和它们产生的收入比例失调（在

网络股热潮时期，股票的价格是年度收益的 30～40 倍或者更多，而通常的比例是 12～14 倍）。

2. 风险被忽略，投资资产（不管是房产还是股票）的价值仅呈现上涨的势头，而风险性更高的投资的收益与之相差无几或相同。

3. 信用贷款更加容易，很多投资的出售都允许你先预付一小部分，然后分期偿还剩下的款项。

4. 很多投资都不是现付现取，比如说，公寓在建筑动工之前就开始出售，而且楼盘还未建好，公寓的合约就已经转手了好几次。

5. 人们会说奇怪的话，尤其是："这次和以往不同，因为我们这一代人非常聪明，创造了一种特别的经济和市场，我们的投资稳赚不赔，也不会出现经济衰退。"

6. 出现高额的薪酬和佣金，还会出现相同程度的挥霍性消费。

阿斯顿，当你看到或听到以上这些情况发生时，不管它出现了几个特征，一定要立即退出市场，把钱放到安全的地方，并且为接下来发生的萧条做准备。当然，你要知道有时候繁荣时期可能会比你估计的要长几年，当你看到人们从估价异常高的市场中赚取一大笔钱时，你的心情可能会很不好受，这种时候你应该发挥耐心这种美德，因为最优秀的投资者往往都是最有耐心的。

爱你的

马丁外公

市场的价值

亲爱的阿斯顿：

2005年我曾对一群房地产投资者发表演说。大概有500个人到场，他们都牺牲了周六的早晨（和一些钱）来学习如何通过房地产致富。那时，这样的活动很容易吸引一大群听众，房地产市场的景气已经维持了好几年，到处流传着房地产投资者一夜暴富的故事。一直以来我都对房地产投资很有兴趣，也写了很多关于这个话题的文章。毫无疑问，这些来听我演说的人的目的是想要听到好消息，他们中的大多数人可能以为我会告诉他们要不惜一切代价、用尽所有办法去筹集资金购置房产，即使是卖儿卖女或者把狗拿去银行抵押也在所不惜。

如果他们想听到那样的信息，那么他们就要失望了，我的演说谈论的是房地产价值的大幅上涨已经持续了好几年，那时的租金收入与价值严重不符，从收益的角度来看，市场太昂贵了，不再适合买进。我引用了一位著名的房地产投资者几年前说过的话，当市场繁荣的时候，你就该去钓鱼，也就是说不要买进，退出市场，静观其变。我告诉他们应该停止繁忙的房地产购置，并说那是一个绝佳的钓鱼时机。我深入地研究过市场，并给出数据支持我的观点，如果一个人在当时购买了一套用于出租的物业，很有可能只能得到2%～3%的租金年报酬率，这个数值说明房地产投资的价值很低，市场价值重新调整的时期指日可待。

我并不认为市场价值调整时期会立即来临，而事实证明那个时期也没有马上到来。实际上，房地产的繁荣又维持了三年，形成了一个巨大的泡沫。那时，市场上所有的人都在不停地买进和卖出，我的听众有很多也是如此。很多人都认为我的分析是错误的，人们不理会我的研究和观点。接下来将近三年时间，房地产的价值仍在继续上涨。

但是最终事实证明我的观点是正确的。我不停地提醒人们市场的价值不合理，价格肯定会下跌，三年之后，它果然暴跌，我写这封信的时候房地产价格还在不断下跌。

市场每一天都会给出价格，但不一定会给出价值。从长远来看，市场的价值最终会被体现，但是短期内看，它给出的价格可能非常离奇。当市场发生变动时，这种变动往往超出人们预期的合理范围。一旦有事情发生，市场会相应地作出反应，而且往往是过度反应，不管是上涨还是下跌都是如此，并且繁荣时期总是比预期的时间要长，衰退时期也是如此。

任何一种投资类型都存在市场的起伏，也就是波动，只不过有一些类型的投资波动性更加明显而已。比如说，债券的波动性就不是很大，不过如果你连续几年时间跟踪任何一支二级市场的债券，你肯定会发现它的价格是有变化的。股票被认为是波动性最为明显的投资，它们的起伏也的确非常频繁，但是这种说法只对了一半，因为股票的波动不仅仅是频繁而已，它们每时每刻都在发生变化。无论什么时候，都会有股票买入和卖出的记录，从而导致供求发生变化，价格也因此升高或降低。长期来看，这将会持平，但是短期看，涨跌会随着供求关系的变化而变得频繁。

人们认为房地产是比较稳定的投资，但从某种程度上说，我认为这是一种错觉，一种由于房地产市场相对冷清和不活跃以及卖家的期望所造成的假象。让我这样来解释：如果一个人要出售股票，他就会打电话给股票经纪人，期望他的股票可以在当天出手。但是，一个房地产卖主不会想要在当天就出售房产，他会准备等上几个月甚至几年，直到有适合的买主和出价为止。如果房地产卖主抱着和股票投资者一样的期望，想要当天（或者一个星期内）就出售房产，那么在买主很少的情况下，投资者可能需要按原价格出售，或者卖主可能会碰到几个有意向的买主，那么他就能以全价（或高于全价）出售。这完全取决于当天的情况和碰到的人。

因为房地产卖主会等待适合的买主，这使得房地产的波动性看起来比股票的波动性小。实际上，房地产卖主通常不会轻易接受出价，他通常会拒绝接受出价，并把房子从市场上撤出。但是股票投资者很少会那么做，他们可能会满腹牢骚，不过不管怎样，他们通常都会接受最高的价格，出售股票。

所以房地产的波动性没有那么明显。但是阿斯顿，你需要牢记有一些投资者是需要或想要尽快出售房产的，虽然他们知道不应该让自己沦落到如此地步，但是说什么都晚了，他们就是走到了这步田地。这些人十有八九会低价出售，如果你想要好买卖，就应该找他们。

不论处于什么类型的市场，不管是债券、股票或是房地产市场，你都应该把波动性当做你的朋友。如果你明白市场的从众心理，你就会更明白我的意思，从众心理是指各种市场都倾向于过度发展，明显超出或低于预期的数值。市场的确会反应过度，但同时那也为你提供了以不合理的价格购买或出售的机会。**通常是市场对风险的洞察力促使了价格的不合理性：当市场认为风险很高时，价格就会暴跌；当市场认为风险不存在时，价格就会暴涨。**而资金的可用性又会使所有这些进一步恶化，不管借款是容易或是困难都将会促使市场越来越偏离其合理的价值。

有些人知道所有的价格，但是对价值却一无所知。市场非常善于给出价格，但是它从不透露其价值，而你才是那个要判断价值是多少的人。我曾经见识过价格在不到一年的时间内翻倍，同时能在一天的时间内减半。但那只是价格的变动，价值却不会轻易改变，有时候价值可能根本不会变化。阿斯顿，我敢肯定等你通读这些信之后，你会明白价值的多少取决于所获得的收入，我会鼓励你紧密关注收入的变动，也就是说你要关注房地产的租金收入而不是楼房的价格，关注公司的盈利情况而不是它们每日交易的股价。人们对于风险的认识和资金的可用性会让市场变得一团糟，使得人们的行为跟钓鱼者一样，一看到水面有波动就作出反应(而且是过度反应)。

长期来看，市场终究会识别出价值，但是那可能需要很长一段时间。有时候你会觉得自己很傻，明明根据自己的判断，牛市将要结束，但是后来却发现它还持续了几个月甚至是几年的时间。不管怎样，市场的价值终究会被体现出来，要坚持自己对价值的判断，而不是跟其他人一样沉溺于价格的变动。

爱你的

马丁外公

第四部分

....找到侧重点....

房地产

亲爱的阿斯顿：

多年来，我认识的很多人都沉迷于房地产投资。能让他们沉迷的更危险的投资其实还有很多，我就可以马上说出六种我不希望你靠近的投资。我可以理解为什么人们对房地产投资如此着迷，我本身也曾经进行过很多次房地产投资，它的确能让投资者兴奋，但是沉迷其中并不是一件好事，因为这会影响你的判断，让投资者产生不健康的动机。当然，我见过很多人因为房地产投资而变得富有，但是我也见过有人因此而心碎，毕竟房地产投资并没有人们说的那么简单，的确会有人因为投资房地产而亏损，还有人因此而破产。

我不希望你以后沉迷于任何事情，也不愿意看到你只投资房地产。多年来，关于只投资房地产的好处，我和很多人争论过，但是还是没有人能够令我信服。大约10年前，我和一位知名的房地产投资者讨论过这个问题，谈论了大概半个小时之后，他说："好吧，或许你关于股票和债券的观点是正确的，但我不在乎，我就是喜欢房地产投资。"房地产是一种很好的投资，但它没有好到值得你把所有的资金或时间都投入进去。

所有的投资中，巨大的收益和惨重的亏损都来源于房地产投资，并不是因为它的利润大或者波动性高，而是因为大多数购买物业的人都采取了负债（借款）的方式。阿斯顿，我之前和你解释过，负债经营确实会大幅增加收益，但是同时它也可能会增加亏损。房地产投资的收益通常比股票低，波动性也较小，但是由于贷款的广泛使用，一夜致富或一夜之间倾家荡产的事情也不足为奇。用来购买房地产的借款如果用来购买股票，收益将会更高，当然，一旦失败，亏损也会增加。

像所有的投资一样，房地产投资也会出现繁荣和萧条的交替循环，有繁荣也有萧条，有高峰也有低谷。虽然表面上看来房地产投资的波动性没有其他种类的投资那么大，至于原因我在之前的信中已作解释，但是房地产的价值有可能下降，也的确会下降。房地产投资周期循环的时间大约是六到九年，也就是两个高峰期之间的时间周期。但也会有例外，所以你不应该严格遵照这个时间跨度。

房地产投资收益通常是非常可观的，而且这种投资方式往往是抵抗通货膨胀的有效保值措施。关于房地产投资收益人们有各种各样的说法，其中有一些是非常突出的：有一个作者曾经断言，自 1086 年《末日审判书》[①]出现以来，房地产价值已经上涨了 10%。一位大学的统计员告诉我这个数字较接近 8%，但是不论怎样，这个周期太过漫长了，就连我都这么认为。但是房地产投资的优点是优质房地产的升值往往会比通货膨胀率高出大约 1%～2%，而房租的升值通常与通货膨胀率相当，并且租金收益也非常可观，所以房地产投资对于退休的人来说是不错的选择，他们的投资组合中也应该包括房地产投资（我往往会选择信托基金来投资商业房地产）。

当运用负债经营的方法时，房地产是一种不错的生财之道，对于年轻人来说这是一种不错的投资方法。对

---

① 英王威廉一世时期记录英国土地调查情况的汇编书册。——译者注

于老年人来说这也是一种不错的投资，因为如果不借款或者借款不多的话，房地产投资会产生非常可观的收入，而它不同于债券的地方是，不管是收入还是资本都不受通货膨胀的影响。

过去的30年，我都或多或少地参与了房地产投资：我自己有出租的房产，我的书和文章也写了关于房地产投资方面的内容，我在很多房地产投资的讨论会上发表了演讲。我从中观察到很多可行和不可行的方法，现在，我想要与你分享这些方法。

首先，最成功的投资者都只买不卖，属于长期投资者。大约五年前，在一个讨论会上，一个和我年龄相仿的人跑过来找我。我并没有马上认出他，但是他一说自己的名字我就记起他是我大学时的旧识。他问我是否还记得他曾经在大学的时候买过一栋占地10英亩的楼房，我说我不记得了，他接着说当时每个人都认为他疯了，因为他花了11 000纽币买下那栋楼房。我知道那块地在哪儿，它离我现在住的地方不远，现在那块地至少值200万纽币。一个看似亏本的买卖最后被证实是一笔好买卖，这几年类似这样的故事我听得太多了。阿斯顿，对于房地产投资，时间会纠正很多"错误"。

最成功的投资者是那些认为自己不光是投资房地产，同时最重要的是他们在经营房地产的人。事实上，房地产投资是一个误称。通常意义上的投资就是你把钱投入进去，然后什么事情也不做，等着收获收益。但是如果你想要在房地产投资方面有所作为，你就需要像一个做小本生意的商人一样积极主动。成功的生意人会全身心地投入到他们的生意中，从来不会停止思考，房地产投资也是如此。

要在房地产投资中取得成功当然意味着享受购置房产的过程，但绝不能沉溺于房地产买卖，你必须学会适应长期、困难和相当无趣的管理工作。房地产买卖的确会令人兴奋不已，而且当时看来这也是最重要的步骤，但是这并不是唯一的收益来源。房地产收益同样也可以通过持有和管理房产获得。这个投资领域的规则是，如果你想要成功就必须先学会生存，也就是顺利度过周期性的困难时期，比如损失一个房客。利息猛增或者房产价格下跌。你要学会如何在困难时期全身而退，然后收获优质房地产投资产生的真正投资收益。

最优秀的投资者会精心打理他们的房产和租客，就如同他们的生活来源依赖于此一样。他们精打细算，管

理债务,采取一切必要的措施达到收入最大化。我见过的一些最失败的例子都是因为那些投资者购置房产后从来没有想过去经营它。这通常说明投资者缺乏经验,而因为时机不对或缺乏耐心,情况又会恶化。我的一些客户曾经去参加过几个讨论会,那些讨论会都是大肆宣传鼓动性内容,却很少涉及具体的实例(在行情乐观的时期,这样的谈论会非常泛滥)。讨论会的内容不会包含以下这些:受害者,不好意思,我的意思是投资者可以在行情的高峰期利用抵税①购买房产,这可能会造成现金损失,但投资者可以从政府那里得到一些补偿,因为投资者可以申请退税,弥补一部分现金损失。当市场价格下跌时,投资者仍然可以利用房产得到补助,当然,这个时候他们没有资本所得。更糟糕的是,当厕所堵塞或炉子坏了的时候,租客还指望房东来修理,但是讨论会上却从未涉及这些内容。不喜欢这些内容的投资者通常会觉得烦,所以不到一两年就会出手,并且通常都是亏本出售。

能够在房地产投资中真正取胜的人是那些不会把住

① 在新西兰,当借钱进行一项投资,而利息和允许的扣除额超过投资收入时,可以向税局申请冲减其他应扣税收入。——译者注

宅房产投资作为主要投资的人，他们会快速过渡到商业楼房的投资。相对来说，住宅房产，也就是居住房维护成本高、事务繁多、收益又很低。最好的房地产投资是商业房地产投资，即仓库。它们的维护成本低(基本上就是四面混凝土墙壁和一个铁房顶)，并且通常都是由好的租客长期租赁。通常，它们的净收益率是8%～10%(取决于它们的质量)。大多数人都是以房屋投资起家，最终过渡到某种形式的商业房地产投资。阿斯顿，希望你尽早脱离房屋投资，尽早过渡到优质的商业物业投资。

当你进行房地产投资时，要确保你购买的是市场中优质的房产。房地产的质量是由地理位置、建筑本身、租约和租客来衡量的。理想的房产是：位于黄金地段、质量结实的九成新建筑，并且有一个实力雄厚、稳定的租客。好的地理位置会给你带来好的增值，因为这将能满足租客的需求；结实建筑的维护费用较低，这也能满足租客的需求；好的租客和租约能够保证收入的稳定。很多“清道夫”会寻找别人挑剩的房产，不过他们是最底层的投资者，他们会购买质量低劣的东西，也就是上层捕食者余下的残渣。阿斯顿，你要尽量靠近食物链的上层。

阿斯顿，最后要说的是，成功的房地产投资者不会去

进行房地产开发，他们坚持长期的房地产投资战略，让其他人去做开发的工作。这是非常重要的，我稍后再详细为你解释原因。

不要沉迷于房地产投资，那些沉迷其中的投资者都是眼光短浅的人，除了楼房之外什么都看不见。你和我都没有近视到那种程度，我们都能够看到世界上还有很多其他有价值的东西。房地产投资会占据你投资计划的一席之地，但并不是全部位置，你应该腾出地方来容纳其他的东西。

爱你的

马丁外公

另：还要补充几点房地产投资诀窍。第一就是不要购买公寓，升值的是土地，而作为公寓的业主，你拥有的土地并不多。第二就是不要购买全新的房产，当然这也有例外（尤其是对于商业房地产投资），但是总体来说，新的建筑就像新车一样，一开出卖场，价值就会大打折扣。新车或新房产被买下的那一瞬间，它们就不再是新的了，那时的价值会比你支付的价格少很多。

房地产开发和投资

亲爱的阿斯顿：

很多人不了解房地产开发和房地产投资的区别，我想我应该向你解释清楚，鼓励你选择后者，避开前者。房地产开发和投资这两种行为其实截然不同，唯一相同的一点就是它们都与房地产有关。对于这两种商业模式，我一直以来都认为房地产投资更好。

房产开发商通常会做两件事：要不就买进一大块地，把它分成很多小块，尽快脱手，要不就买一大块土地，在上面盖东西（公寓、房屋、大商场、办公楼、酒店等）。两种做法是否成功完全取决于他们是否能够尽快出售开发的场地（不管是土地还是楼房）。他们的动作一定要快，因为贷款利息会不断增加，从而蚕食他们的投资收益。很多开发商的第一步都是预售土地或期房，虽然这通常意味着低价出售，但是确实会降低风险。在批准提供资金之前，贷方往往都要求达到一定比例的预售。

整个买地、开发和出售的过程可能需要几年的时间。首先要买地，然后获得审批，与建筑商签订合约或聘请测量员，招聘和培训房产中介，制作小手册和其他销售资料，等等。在你做所有这些事情的时候，你是没有收入来支付各种费用的。当你买下地的时候，你就开始了与时间的赛跑，直到开发的楼盘全部售罄比赛才结束。市场中一个小小的变化都可能造成楼盘无法出售(我们就假设开发商最初的估计是正确的，开发的楼盘确实很有市场)。房地产开发是一个复杂的过程，充满着各种风险，每一个步骤都蕴含潜在的问题，而且开发工程的成与败取决于工程结束时市场的状况(而这有可能和开发工程进行之初的状况大不相同)。

房地产投资者的生活就相对轻松一些。他们只需要找到一栋好的楼房，然后安排资金买下它，并且不轻易出手就可以了。当然他们需要做一些经营房产的工作(尤其是寻找租客和对房屋的维护)，但是总体来说它远没有开发工程来得艰难。或许最关键的一点是低风险：和开发商不同，投资者不需要频繁地为他们的房产寻找买主。他们只需要保证房产已经出租，并且得到好的维护，那么房租就会源源不断地来。

在黄金时期，开发商通常能一夜暴富，那时他们就会像皇帝一样趾高气扬地炫耀——名车、名牌服装，一切都是名牌。不过在市场行情不好的时候，他们就会遭遇多处房产无法出售的困境，很多人也会因此而破产。这些开发商的做事风格是“要么就翻盘，要么就清账”[①]。通常，他们最初的资金投入会很少，但是随着他们不断地把收益重新投资于更大更冒险的项目中，他们的资本投入会越来越大。长此以往，总有一天运气会被用光，要知道夜路走多了，总会遇到鬼的。

对比这两种商业模式，房地产投资比房地产开发更胜一筹。据我所知，很少有开发商能够长期生存下来并且繁荣发展的，傲慢促使他们一次又一次过分地扩张工程，但是最后他们几乎都以失败告终。那些能够把开发工程做大做好，并且顺利躲过大风大浪的人也是吃了很多苦头，少睡了很多觉才成功的。我认为这些不管在何

① 相当于汉语的不成功便成仁。——译者注

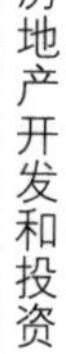

种情况下都能成功的开发商是非常聪明的，所以他们无论做什么，都能取得成功。

阿斯顿，你要做一个房地产投资者，不要做房地产开发商。这样你也能睡得更好一些，钱也会挣得更多。人们很容易被房地产开发这个行业所迷惑，但是不管它看起来多么有利可图，那终究不是一份美差。

爱你的

马丁外公

另：阿斯顿，你必须要牢记，房地产开发商是房地产投资者的敌人，因为开发商总是大批量生产楼盘，使其供过于求，而投资者的希望是楼盘供不应求。

债　券

亲爱的阿斯顿：

在我大约12岁那年，我的父亲给了我一支债券。不过当时我并不知道什么是债券，那时的我对于抓青蛙和踢足球的兴趣远远大于一张字样模糊的纸。后来我总是记得我持有这支债券，并且知道它肯定值点钱。

事实上，我父亲给我的这支债券非常有价值：它的面值是500纽币，这个数值现在听起来不算什么（到你将来那个时候可能更不算什么），但在1964年，它并不是一笔小数目。我猜想在1964年500纽币的购买力可能相当于现在的好几千纽币，在1967年，500纽币可以买一辆全新的丰田花冠，所以你可以认为这支债券的价值相当于一辆新车的价值，或者足够支付房贷的首付。我突然想知道几年之后你父母会不会给你一笔足以购买一辆新车的钱。虽然我父亲从来都没有特别富裕过，但是他却给了我这样一份厚礼。

这支债券是由一个当地的政府机构(麦肯齐县地方议会)发行的，安全性很高，因为当地政府机构有征税的权利。债券的票面利率(也就是债券期限内固定的利率)是一年3%(大约是1976年的某个时间到期)。

当时，这是一个非常标准的投资类型(不过当时我并不懂得，因为都忙着抓青蛙了)，那时的通货膨胀率很低，也没有今天这么成熟的投资产品，把金钱存放在一个像县议会一样安全的机构是大多数人的做法。在我父亲看来，这肯定是一个非常不错的主意，再说了，对一个只会抓青蛙的儿子来说，还有什么更好的礼物呢？我父亲希望在我即将踏入社会的时候，能有一笔数目可观的资金支持我。

这支债券在我刚毕业的时候到期。1976年，500纽币还是能买到不少东西的，但它还不足以改变我的生活，这与我父亲设想的不一样。我不记得钱是怎么花掉的了，而我不记得的这个事实本身也能说明一些问题。那笔钱对于我父亲来说是全部的财富，但是它还不足以用来做什么大事，因此这笔钱被我当做零花钱用掉了。虽然我的父亲非常慷慨，花了一大笔钱，即 500 纽币为我购买债券，但从理财投资的角度来说这并不是很明智的做法，因为他没有考虑到通货膨胀对投资资金的影响。事实上，通货膨胀对于这笔钱的影响是非常大的：长期的固定利率投资是最容易受通货膨胀影响的投资。

这件事大体上是这样，虽然过了 40 年，有些细节我可能会记错，但是这个故事却说明了债券投资这种投资方式的局限性。债券听起来就像安全的投资方式，英文中债券这个词听起来也非常结实和安全。债券发行者承诺在一定时期后按一定的利率支付利息，连本带利把钱还给你，还有比这更浅显易懂的投资方式吗？这并不是一种复杂的投资方式，当然，你唯一要做的可能就是保证发行者是值得信赖和诚信可靠的。

这样看来债券是一种非常重要的投资方式，我猜想它们的重要性将来也会如此。与股票相比，债券相对来说比较安全，而且很多投资者也想要和需要这种确定性，他们需要每一个季度都能拿到一张有固定利率的支票。债券也更加安全，一旦发行机构破产，债券持有人作为债权人会比股东优先拿回钱。债券的波动性也比股票小，债券的价值会发生变化(通常是根据利率的变化),但是它的变动幅度和股票的起伏波动相比简直就是小巫见大巫。

关于债券我们要考虑两个方面的因素:第一个是发行者的信用等级。债券的发行者覆盖面很广,范围从政府(信用等级最高)到非常普通甚至是不稳定的企业。显然,这个因素在很大程度上决定了一个债券持有人将获得的利率。很多中介会对这些债券发行者的违约可能性打分。债券发行者当然努力想要得到一个好的分数,因为如果他们的信用等级高的话,他们要支付的利息会减少。

第二个是债券的期限,范围从几年到几十年。在各方面条件相同的情况下,期限越长,收益就越高。这是因为如果投资者的钱需要绑定很长一段时间,他们需要一个更好的利率作为补偿。投资者知道,如果他们持有债券超过 30 年的时间,任何事情都有可能发生,比如战争、超通货膨胀、大规模流行疾病、严重经济衰退等。这些事情都会对债券的价值产生负面的影响。另外,在债券到期之前,不管是政府还是企业,发行者都有可能陷入困难时期,导致信用等级下降。

你不需要等到债券到期才出售债券,大多数债券都可以在二级市场进行买卖。有一些这样的债券市场还非常繁忙，每时每刻都有交易发生。这个二级市场会确定债券的价值，而根据市场对发行者最新的信誉评价和当前总体的利率水平，这个价值会发生变化。你购买债券的时候收益率可能是6%，但是如果利率变了，新的投资者为你的债券支付的价格就会体现新的利率水平。所以，如果利率升到7%，新的投资者购买债券的价格将会低于票面价值；如果利率降了，出售债券的投资者就要承担更多的钱。同样，债券发行者的信用等级可能会有变化，如果信用等级从AA＋降到了AA－，那么出售债券的投资者将不需要承担那么多钱。买卖债券通常仅为大型的企业投资者和银行准备，但是经济状况的变化可能会让你等不到债券到期的那一天，需要在那之前在二级市场上出售这支债券。

债券的弊病就是太耗时了，几年，有些甚至需要几十年的时间，而我们时刻面临通货膨胀的威胁。通货膨胀是债券投资者最大的敌人。通货膨胀会导致利率上涨，这意味着你的债券可能在你出售的时候价值将会减少，或者说债券的购买力将会降低。即使是相对适度的通货膨胀率也会蚕食债券的价值。如果你从一个信用好的发行者手中以2万纽币的价格购买了一支期限是6年的债券，6年后你将会收回你的2万纽币。但是，那将不会是原先的2万纽币了，如果6年后通货膨胀率是2%，2万纽币的购买力将会降到17 600纽币；如果通货膨胀率是每年10%，那么那支债券的真正价值将会连原价值的一半都不到。

我父亲给我的那支债券就是如此，它不仅仅是被通货膨胀蚕食了，它简直就是被吞没了。我原本可以出售那支债券，但是我当时年纪还小，只是依稀记得债券的存在，何况我连交易市场在哪儿都不知道。通常我会建议个人投资者等到债券到期那天再出售，到时再把利息存入银行，收回本金。但是，经验丰富的投资者（这并不包括一个只会抓青蛙的12岁小男孩）会通过债券交易来赚取资本利润。债券交易并不简单，专业人士需要非常聪明才能持续获利。他们需要纵观利率的走势和收益率曲线（阿斯顿，好好查查这个词，它的意思是不同时期内支付的不同利率）。他们可能还会试图预测债券发行者的信用等级变化，如果你能猜出某一个机构将来的信用等级，你就可以为价值的变化做准备，也就是说如果等级会下降，你就可以出售债券。在一些非常大的市场，你甚至还能卖空。如果你认为这个机构的等级将会上升，你可以多买入。有些投资者会目不转睛地盯着债券行情的显示屏看，频繁地进行债券交易。

我们大多数人投资债券的方式是买下债券，把它放入投资组合中让它产生一定的收入，等到它到期那天再出售，而把劳心劳力的二级市场债券交易留给专业人士。

债券能够给投资组合带来稳定的收入，但是我经常看到投资者因为贪图更高的收益率而购买信贷公司或声誉很差的企业的债券，并为此遭遇亏损（这些"垃圾债券"并不是徒有其名）。我认为大多数个人投资者都应该三思而后行，只从信用等级好的发行者手中购买债券。如果只是为了获得高出少许的利率而让自己面临血本无归的风险，那就太不明智了。

单独利用债券进行长期投资也是很不明智的。我父亲在1964年购买的那支地方债券以及后来债券的贬值很好地说明了这点，他当时应该购买股票或房地产（甚至是任何类型的多样化基金都可以），尤其是当通货膨胀开始减弱的时候。很多退休的人都沉溺于债券投资，愿意用全部或大部分的资金来投资债券，因为他们需要稳定的收入，而债券这种投资似乎非常安全。通货膨胀是退休人群最大的敌人，很多退休老人都亲眼目睹通货膨胀摧残他们的投资资本，让资本贬值。考虑到现在人们的退休时间都延长了，债券的优势就没那么明显了。

阿斯顿，我从来都不热衷于债券投资。债券投资的确有其投资优势，或许在2030年或2040年你读这封信时，我会像很多七八十岁的老人一样，不断寻找利率不错的优质债券。我知道将来我的投资组合中至少会有几支债券，因为那时候的我将需要稳定性高和波动性低的投资，显然债券可以满足这两点要求。虽然我的第一次债券投资经验或许让我产生了些许偏见，但那次的事情却让我从父亲身上学到了一些宝贵的经验，其中包括应该对通货膨胀保持适度的警惕。

爱你的

马丁外公

银行存款

亲爱的阿斯顿：

“银行存款是为懦弱的人准备的投资方法，因为它们根本就算不上正经的投资，只有那些已经想不出更好的投资方法的人才会把钱放在银行。如果你采用银行存款的投资方法，你注定会得到很低的回报，也注定与贫穷结缘。再者，为什么你想要给那些混蛋银行送钱呢？”

多年来我听过很多人这样形容银行存款，还有很多其他类似的说法。所有这些都有一定的真实性，只有一点除外，那就是我从来都不认为银行是混蛋，我向来的观点是银行只是在做生意，想从每个人身上挣钱而已。总而言之，就是这些说法中的一点点真实性让人们忽略了这些说法有很多不真实、胡说八道的地方。像所有的投资一样，对一些投资者来说，银行存款也有其一席之地和用途，实际上，人一辈子会时不时用到银行存款，我们当中的一些人将来会有（也应该有）一大笔银行存款。

金融专家通常把银行存款称作“现金”。这是一个非常贴切的词，因为现金的流通性是最高的。除了你放在钱包里的纸币之外（阿斯顿，我们都是把钱放在钱包里），银行存款的流通性是最好的。

一旦市场行情不乐观，评论专家就会开始宣扬“现金为王”的观点。事实上，凡是参与过投资市场的人会告诉你现金从来都是王。现金的特点是你可以随时用它来交换任何你想要的东西。如果你有现金，你就具有最大的灵活性。在萧条时期，人们会纷纷变卖投资，换成现金，那时，他们会意识到现金是多么的安全和稳定。

当然，银行存款并不是万无一失的。银行也会破产，虽然通常来说银行都会有政府的担保，但是这种担保是有限的（通常是针对一定数额的存款）。这也就是说如果你画出几十年来几种银行存款价值的曲线图，你就会看到它们是有一定的波动性的，但是波动性并不大。另外，银行存款通常不受通货膨胀的影响。这是因为银行存款通常都是短期的，几天或几个月的通货膨胀作用并不明显，况且如果通货膨胀发生了，你可以把钱转移到其他那些可以受益于通货膨胀的投资上。当然，长期债券就没有这种灵活性了，你会被绑定几年的时间，如果通货膨胀发生了，它将会侵蚀债券的价值。

阿斯顿，我希望你能看到银行存款属于最安全的投资中的一种，尤其是当这些银行有政府担保的时候。当然，它们也非常方便，每一个街角都会有银行，你还可以进行电汇转账。因为它具备所有这些优点，所以你应该也能猜到它们的收益会很低。没错，银行存款位于投资范畴的最底层，它们的风险和回报率都很低。

既然知道了这些，那你就应该清楚银行存款不适合用来做长期的生财之道，因为它的收益太低，况且你也不需要小的波动性。不过银行存款的稳定性、安全性和流通性确有其用途。现在来说说使用银行存款的三大原因。

第一个原因是我之前说过的，如果你想在短期内存钱购买一些小的消费品，如立体音响装置(或类似这样的东西)，甚至是车，你会用到银行存款。五年内需要用到的钱都会通过银行存款储存。在你积攒存款的过程中，你可以把一些存款转到合适期限的债券投资上，这会稍微增加你的收益。但是，从风险和回报率来看，银行都应该是短期存款的首选。

第二个可以应用银行存款的情况是当你投资的市场形成泡沫的时候，比如说股票市场。如果投资价值高得很离谱，这是常事，你就会想要出售（全部出售或部分出售）投资，持有现金直到市场崩溃后再重新买进。你应该把这看做一种非常主动的投资策略，在这种情况下变现资产并不是懦弱的做法，相反，这是非常明智的决定。如果你认为市场的价格不合理，最聪明的做法就是变现，至少把一部分投资变现。不过你的估价也会有出错的时候，这个错误还可能会让你受损，这也是为什么采用银行存款应该被视为勇敢行为的原因。

现金的第三个用途是为你总体的财政状况提供一些稳定性，确保你不会走到被迫出售这一步。每个人都应该有一些流动性资产，尤其是银行存款，以备不时之需。大多数理财投资专家也会建议人们应该持有足够的现金，可以让他们维持三到六个月无收入的生活，以防遭遇类似裁员或生病导致不能工作的情况。对于老人来说，也就是那些处于退休阶段，并且依赖于投资收益来提供生活费用的人，他们持有的银行存款最好能够维持他们一到两年的生活开销，因为他们非常依赖投资的收入，所以他们绝不能走到被迫出售这一步。

你看，银行存款确实有其用武之地。当然也会有懦弱的投资者选择银行存款，但是你还记得那些古老的投资谚语吗？“如果前景不明朗，那就先静观其变”，还有“第一笔投资收益始终应该是资本的回收”。有时候做一个懦弱的投资者要比做一个无畏的投资者明智。关于投资策略，所有人都会有才思枯竭的时候，当我们没有好的投资点子时，把资金存放在银行里好过实施某个不成熟的投资想法。银行存款是有其优点的，因为有银行存款的人都不会是穷光蛋，而只有一种情况你可以说银行是“混蛋银行”，那就是它们对你的取款要求总是有求必应。

爱你的

马丁外公

各种股票

亲爱的阿斯顿：

股票投资是最强大的生财之道，它是所有投资中收益率最高的投资。当你计算所有投资类型的收益率时，不难发现股票的投资收益往往是最丰厚的。当然，这是因为股票是公司股份的一部分，而拥有了股票，就相当于参与到一个公司经营的盈利活动中。

阿斯顿，我对于股票、股份或股权（它有很多叫法）并不是非常了解，这些名称也非常专业，我想只有律师才能真正弄清楚它们之间的区别。但是我对于公司的经营活动了解甚多，可以给你讲讲那方面的知识，那应该会有很大的帮助，因为要成为一个投资顾问，你需要了解公司的经营。至于股票、股份或股权，它们对于投资顾问来说并不重要，了解公司经营才是关键。事实上，你应该购买的不是股票，而是公司（或者更准确地说，是公司的股份）。

人们对于股票有一种恐惧心理，更精确地说，股票能把他们吓得魂飞魄散。我认为这有两个原因：一是股票的波动性很大，所以他们心生恐惧。很多投资者都有过在大崩盘时期股票被套住的经历，他们对此仍记忆犹新。即使在崩盘的时候他们自己没有因为股票被套牢而赔钱，他们也听说了很多类似的事情。我认为，对能够伤害你的事情产生恐惧是一种正常、聪明的反应。

人们害怕股票的第二个原因是股票有很大的未知性。这却不是一种聪明的反应，因为一旦你掌握了股票的运作，你就可以从中获得很大的收益。那些想要投资“股票”、“股份”或“股权”的人对于股票一无所知，他们只关注这些股票本身，却不理会背后那些证券所代表的公司。实际上，如果人们能够把购买股票投资看作购买一家公司，即使他们并不是真的购买整家公司，这也能够消除他们很大一部分的恐惧。

当你想要进行股票投资时，你应该想着：你购买的是一家公司。你应该像购买整家公司一样进行尽职调查（也就是研究）。好吧阿斯顿，我知道你可能没有能力买下整个必和必拓(BHP Billiton),那至少需要1 950亿纽币,我也不认为你(或你的家人)能在不久的将来筹到这笔钱。没错,这件事情发生的几率太小,你或许只是打算花4 000纽币买100支股票而已。但是,不管你是不是收购整家公司,不管你购买大量还是少量的股票,这都没有关系,无论购买什么,你都应该持有同样的态度。你应该这样想:假设你真的有1 950亿纽币的话,你会买下这家公司吗?又假设如果你决定购买,那么在签订购买合同之前,你会进行什么样的调查呢?

阿斯顿,我其实已经在另外一封信中为你回答了这个问题,就是那封关于价值和基础分析的信。简单地说就是,假设你要花1 950亿纽币收购一家公司,你会全身心投入地研究,确保自己了解运作的方方面面,比如它的市场份额、高层执政和管理人员的情况、它生产的产品、声誉和品牌等,当然你还要了解它的财政状况。顶尖的投资者也会做同样的事情,虽然他们可能只购买整个公司的一小部分,可能仅是所有公司股份的0.000 000 1%。

你拥有的公司股份,即你购买的股票是与公司的经营状况挂钩的。当你购买股票的时候,你购买的是公司资产和盈利的一部分股份。

当然，公司收购事件经常发生，其中有小公司的收购，如当地的干洗店，也有大型企业的收购，如格雷姆·哈特(Graeme Hart)并购伯恩斯·菲尔普(Burns Philp)公司。值得一提的是这些公司在私人交易中的价格波动性并没有公司的股票价格波动性那么大，而股市中交易的公司股份仅占公司全部股份的一部分。阿斯顿，我想要说的是，证券背后代表的资产在市场上的交易要比它在股市中的交易稳定得多。我的猜测是在将来的10年内，如果你想要收购整个必和必拓公司，价格的浮动不会超过20%，但是在同样长的时间内，股票价格的浮动很有可能会等于或超过50%。

当然，这并不符合逻辑，股票应该始终如实反映公司的潜在价值，但是股价的波动性很高，通常它们会与企业的价值脱节，高于或低于企业的价值。我怀疑这是因为出售公司股票的股市中会有很多参与者，其中有很多还是经验不足的投资者，更多时候，他们是根据情绪，而不是对公司价值作出判断。能够影响股票投资者和交易员情绪的是恐惧和贪婪——对亏损的恐惧和对收益的贪婪。这些感情主导市场的起伏，增加波动性的幅度，使得股票所代表的公司价值不再是我们关注的唯一因素。本杰明·格雷厄姆的“市场先生”每天都会给所有的股票标出价格(包括买入价和卖出价),但是可能那个价格与公司的价值并没有紧密的联系。

当然,阿斯顿,你可以利用这点获利。当公司股票的潜在价值高于市场先生标出的卖出价时,你可以买进该股票,然后持有股票直到市场先生恢复正常,标出实际的价格后再卖出。就像我说过的,当你这样做时,你应该假设你将要购买整家公司,而不是买进那个被称作“股票”的奇怪的东西。你应该对心仪的公司进行估价,然后与购买该公司股票的买入价对比。你放心,尽管市场先生有时候会标出非常奇怪的价格,但是最终他总会认清事实,标出合理的价值。阿斯顿,我想要你记住一件有意思和有利可图的事情,心理学家发现,对亏损的恐惧比对利益的贪婪影响更加大。这就是说在恐惧普遍存在的时期(比如经济衰退时期),公司股票的价格经常会在很长的一段时间内低于公司本身的价值。那也是为什么我经常高唱我的投资颂歌“低买高卖”的原因,因为经济萧条给了我们如此良机。

所以,阿斯顿,这全都与公司息息相关,要成为一个好的股票投资者，你应该了解公司运营的情况和培养对其的兴趣。不要再去想图表和技术分析了，对于那些只知道买卖“股票”本身的人来说，它们或许可以提供一点帮助，但是对于像我们这些利用股市来投资公司的人来说一点用处都没有。你和我都不会买卖股票，我们甚至都不是购买股票，我们购买的是公司。这也就是我如此喜欢投资股市的原因，因为对公司进行投资实际上是非常有意思的，而且也没有那么晦涩难懂。当去到你所投资的一家商店或仓库时，你会产生一种满足感，因为你知道这家商店或仓库的某一个部分是属于你的。你小姨格蕾塔 20 岁的时候持有一些 THL 公司的股票，那家公司有一批直升机。有一天，当她在我的房子里时，一架直升机从屋顶上空飞过，我们说那架飞机有一小部分是属于格蕾塔的，而且它正在飞来飞去地为她挣钱。

我喜欢对公司进行投资，或许你将来也会如此。大多数的公司经营都不难弄懂，我完全相信如果你发挥聪明才智，会成为一个非常优秀的股票投资者。不过，我知道你喜欢的程度可能没有我深，但那没有关系。不管怎样，我不希望你因为不喜欢而不进行股票投资。如果你不知道该怎么做，可以参考我之前给你写的关于通过信托基金投资的信。要记住，即使你对投资公司不感兴趣，或者是对它及其在股市上交易的证券一无所知，你仍然可以通过被动跟踪指数进行基金投资，成为一个一般的投资者。这些投资方式还是会有很高的波动性，所以也有一点可怕，不过长期来看，如果你可以利用指数跟踪获得一系列公司的平均收益，那也不错。

爱你的

马丁外公

图书在版编目(CIP)数据

给阿斯顿的信:经济学家给年轻人的投资忠告/(新西兰)马丁·霍斯著;苏曼译.—厦门:厦门大学出版社,2013.7
ISBN 978-7-5615-4629-1

Ⅰ.①给… Ⅱ.①霍…②苏… Ⅲ.①私人投资-青年读物
Ⅳ.①F830.59-49

中国版本图书馆 CIP 数据核字(2013)第 100192 号

厦门大学出版社出版发行
(地址:厦门市软件园二期望海路 39 号 邮编:361008)
http://www.xmupress.com
xmup @ xmupress.com
厦门集大印刷厂印刷
2013 年 7 月第 1 版 2013 年 7 月第 1 次印刷
开本:889×1194 1/32 印张:7.25 插页:2
字数:140 千字
定价:25.00 元